中央文化产业发展专项资金重大项目

快乐学手语

卢 苇 编著

郑州大学出版社

郑州

图书在版编目(CIP)数据

快乐学手语／卢苇编著．——郑州：郑州大学出版社，2018.11

ISBN 978－7－5645－5784－3

Ⅰ．①快… Ⅱ．①卢… Ⅲ．①手势语－中国－教材
Ⅳ．①H126.3

中国版本图书馆 CIP 数据核字(2018)第 201638 号

郑州大学出版社出版发行
郑州市大学路 40 号　　　　　　邮政编码:450052
出版人:张功员　　　　　　　　发行部电话:0371－66966070
全国新华书店经销
河南文华印务有限公司印制
开本:710 mm×1 010 mm　1/16
印张:13.5
字数:256 千字
版次:2018 年 11 月第 1 版　　　印次:2018 年 11 月第 1 次印刷

书号:978－7－5645－5784－3　　定价:48.00 元

本书如有印装质量问题,由本社负责调换

本书编委会

编　　著： 卢　苇

手语漫画： 魏煜春

排版设计： 韩　芳

摄　　影： 韩俊杰　倪秀丽

视频剪辑： 韩　芳

手语模特： 卢　苇　毛董莱

　　　　　　宋晓波　程　诚

卢苇,浙江舟山人,听障者。2010年毕业于韩国拿撒勒大学康复学院国际手语翻译专业,获康复学硕士。现为浙江特殊教育职业学院手语翻译专业讲师。多年来一直从事手语、聋人与社会的教学。曾编写《中韩手语》《五国手语》《无声的绽放》《实用行业手语》等多本手语书籍,研究兴趣为手语研究、手语教学法、聋人文化等。至今已发表相关论文八篇。

前　言

　　手语作为一种特殊语言，在聋人与聋人之间、聋人与听人之间和不同语种人群之间的交流方面，发挥着不可或缺的作用。手语是一种视觉上的语言，一种思想的呈现，借由视觉神经传达，透过手指飞舞间的巧姿，丰富生动的表情，以及肢体语言的辅助，来传达无止尽的讯息。

　　也许您因对手语的理解、手语的表达方式（中国手语、地方手语等也有区别）有差异而困惑，但是，您将来会遇见一群可爱的聋人朋友，他们会用视觉语言——"手语"向您传达真挚的情谊。所以，作为手语初学者要用心学习聋人语言，认真看他们的语言是很重要的。请不要说"这样的打法是在书上有记载"，如果只照搬书上的话，也会让沟通变得不顺畅的。因为也许您的表达方法微妙不同，或者可能有点不同的动作幅度与方向都会有不同的意义。不仅仅是手的形状，面部表情（视线、眉毛、嘴、下巴等的运动）、肢体运动（身体转动、靠前靠后等）也是很重要的。这本书的内容以交流方式为契机，如果您能向眼前的聋人朋友虚心学习，学习他们的语言特点与表达方式，反复记忆，就能很快跟聋人沟通聊天。即使不能很好地传达给聋人，但是，只要您"想传达自己的想法"或"想与聋人交朋友"，坚定地伸出您的双手，大胆向他们打手语，聋人一定会惊喜而温柔地接受您的手语。请加油！

　　学习手语，跟初学者讲太多的理论，还不如给他一根"鱼竿"，让他亲身享受这个无声世界里心灵相通的奥妙。编这本书，作为聋人，编者以自身的日常交际经验，还选编了生活中最常用也易学的200句手语，分为10个单元，涵盖了现代人的日常生活，选句侧重聋人群体的习惯用语及思维方式，叙述语境与语序完全不同于汉语，形象性与直观性的表达简捷清楚，更反映手语视觉语言的特点。相信初学者必能翻读得满心畅快、趣味盎然，并且轻松地进入状态，记住手语要诀。

　　由于手语是一种立体的视觉语言，如何精确掌握手语的动作、姿势及表情，可以说是学习的关键。除作者外，本书还邀请中国聋界著名的"好男儿"季军和聋人明星宋晓波、中国残疾人艺术团千手观音领舞程诚、手语姐姐毛董莱作为手语模特。新聋网聋人摄影师将200句手语中最细微的动作及变化多端的表情一一拍下来，更增本书一目了然之效。卢苇深信，这本书对手语初学者而言，将是最佳的入门捷径，而我们几位手语模特的手势动作及传神表情，也会令你回味无穷喔！

　　手语本是聋人的母语，但在国内出版的原汁原味的聋人手语书籍却寥寥无几，造成一般社会大众对聋人朋友有口齿不清、语意不明、认知差异、不同文化等刻板的印象，而使得双方沟通时易产生心理障碍。卢苇为鼓励听人更好地学习手语，与聋人朋友沟通，略尽绵薄之力编写了这本平易近人而颇具系统的手语书《快乐学手语》，希望能为大家助兴，提高学习意愿，无形中拉近听人与聋人之间的距离，搭建聋听和谐的沟通桥梁。

　　最后温馨提醒各位有心的读者，学习手语不必强求几天时间成为手语高手，重要的是永无止境的学习态度，愿《快乐学手语》成为无声世界的窗口，助您眼观天下而怡然。

编者：卢苇
2018年5月

目录 CONTENTS

Part 1 认识手语 .... 1~11

请走进手语世界,手语是视觉语言	2
手指字母	8
手指数字	10

Part 2 手语常见会话 .... 12~95

问候 13

- 早上好◎早安 13
- 今天天气很好啊 14
- 刚睡醒,好困!◎睡眠不足,累 15
- 嗨,你身体还好吗?◎好久不见了,工作好吗? 16
- 最近过得怎么样?◎我很忙 17
- 晚上好/晚安◎祝你好梦 18
- 今天很热啊◎今天很冷啊 19
- 谢谢你◎今天真的非常谢谢你◎没关系,不用客气 20
- 对不起/抱歉◎今后请多多关照 21
- 下次再见面吧◎什么时候好?◎嗯,再见 22
- 有空再联系我◎等你来联系我吧 23
- 走了◎再见◎小心点◎什么时候回来?◎你要去哪里? 25
- 看看有忘带的东西吗?◎有,请放心吧 26
- 你辛苦了 27
- 你这么晚回来◎你来得太早了 28

- 请多吃点,没关系 ◎好吃吗? ◎很好吃 ◎再来一碗 ················ 30
- 吃饱了/吃太饱了 ◎收拾整理吧! ································· 32
- ◎单词 ·· 33

疑问句・肯定句・否定句　　　　　　　　　　　35

- 今天是星期三吗? ◎正确 ·· 35
- 不,今天是星期四 ··· 36
- 去庙会吗? ◎当然要去啊 ◎因为有事不能去 ················ 37
- 我不明白这个问题 ◎办法/内容/意思 ◎工作方法 ······· 38
- 我知道/我明白 ◎我不知道/不明白 ◎请多指教我 ······· 39
- 明天能完成任务吗? ◎能 ◎不能 ◎试试看 ···················· 40
- 你会游泳吗? ◎我不会游泳 ·· 41
- 你能开车吗?/你会开车吗? ◎我能 ◎我还可以 ◎我没有带驾驶证 ··· 42
- 公交车站在哪里? ◎对不起,我不知道在哪里 ············· 43
- 知道,往前路的尽头左拐弯走 ·· 44
- 现在,时间来得及吗? ◎OK/没问题 ◎现在时间有点紧张 ··· 45
- 你喜欢他吗? ◎是的,我很喜欢 ◎我讨厌他 ················· 46
- 你喜欢他的是什么? ◎他的优点是懂礼貌 ····················· 47
- 你讨厌他的是什么? ◎性急/脾气差 ······························ 48
- 要喝杯咖啡吗? ◎可以/不用 ·· 49
- ◎单词 ·· 50

6W1H　　　　　　　　　　　　　　　　　　　59

- 这是什么? ·· 59
- 现在几点? ◎9点10分 ◎3点30分/3点半 ··················· 60
- 什么时候见面? ◎8月20日怎么样? ····························· 61
- 在哪里约会? ◎在星巴克咖啡店见 ·································· 62
- 下周星期日怎么样? ◎好的,听你的 ······························ 63
- 下午2点在咖啡店见面行吗? ··· 64
- 想去哪里? ◎我想去洗温泉 ·· 65

2

- 想去美国旅行 ··· 66
- 你要去哪里？ ◎我要去购物◎今天我回家 ································ 67
- 厕所在哪里？ ◎在那边◎在三楼左边 ···································· 68
- 那个人是谁？ ◎那个人是我的丈夫 ······································ 69
- 他是什么样的人？ ◎他是个温柔的人 ··································· 70
- 昨天你为什么缺席？ ◎我发烧了 ·· 71
- 你为什么要离开公司？ ◎我要结婚，工作辞了 ························ 72
- 为什么迟到？ ◎公交拖延 ··· 73
- 会议延迟了◎会议时间更改了 ·· 74
- 你喜欢哪一种？ ·· 75
- 我喜欢选这个◎两个都喜欢◎这个不错，我喜欢 ······················· 76
- 咖啡、绿茶要哪个？ ◎要咖啡◎我不知选择咖啡还是绿茶好 ······ 77
- 这个多少钱？ ◎贵啊，能便宜点吗？ ···································· 78
- 决定要买这个◎再来一个 ·· 79
- ◎单词 ·· 80

Part 3
手语交际对话　　　　　　　　　　　　　　　96～190

自我介绍　　　　　　　　　　　　　　　　　　97

- 你叫什么名字◎我的名字是毛毛 ··· 97
- 请记住，谢谢 ·· 98
- 你几岁◎我18岁◎她60岁 ··· 99
- 你是哪里人？ ◎杭州人◎你的生肖是什么？ ··························· 100
- ◎单词 ··· 101
- 你的生日是什么时候？ ◎我是"80后"，9月25日 ················ 102
- 你的血型是什么？ ◎A、B、O型 ······································· 103
- 你的工作是什么？ ◎小学教师◎手语主持人 ··························· 104
- 你家庭有几口人？ ◎我家有4口人 ····································· 105
- 我父亲是公司老板◎弟弟读初中二年级◎我读大学三年级 ········ 106

◎单词 ·· 107

谈论天气　　　　　　　　　　　　　　　　　125

- 今天的天气好◎但是,好像在晚上下雨 ··············· 125
- 今天很冷啊◎希望春天早点来 ··························· 126
- 你喜欢哪个季节？◎我喜欢秋天◎我喜欢夏天 ······ 127
- ◎单词 ·· 128

趣味爱好　　　　　　　　　　　　　　　　　130

- 你的爱好是什么？◎乒乓球◎我也是 ·················· 130
- 那么,下次一起玩吧？◎好/OK ·························· 131
- 看电影◎你喜欢什么电影节目？ ·························· 132
- 我喜欢科幻◎因为有字幕,我很高兴 ··················· 133
- 我在学游泳啊◎技术进步了吗？◎我还是学不会呀 ····· 134
- ◎单词 ·· 135

购买东西　　　　　　　　　　　　　　　　　141

- 衣服的专卖店在哪里？◎四楼/六楼 ···················· 141
- 我可以试一下吗？◎可以 ···································· 142
- 衣服小,有大一点的吗？◎小/大/松◎这鞋太紧/这鞋太松 ····· 143
- 这件衣服多少钱？◎八折/500元 ························ 144
- 刷卡可以吗？/用支付宝行吗？◎不行,要现金 ···· 145

谈论食物　　　　　　　　　　　　　　　　　146

- 你喜欢吃什么食物？◎寿司/汉堡/饺子 ··············· 146
- 我喜欢吃四川菜(火锅) ······································ 147

餐厅点菜　　　　　　　　　　　　　　　　　148

- 你有多少人？◎五位◎共五人 ····························· 148
- 你有没有订好包厢？◎有,订完 ·························· 149
- 我想看看菜单◎请推荐什么菜？◎推荐酸菜鱼,真好吃！······ 150

- 我来请客 ·················· 151
- ◎单词 ······················ 152

生病就医　163

- 看你的脸色不好,什么情况？◎我肚子疼 ·············· 163
- 我头疼◎我的胃不舒服 ·············· 164
- 还是早点回家休息吧 ·············· 165
- 你最好去医院吧 ·············· 166
- 我牙痛◎你去看牙医比较好 ·············· 167
- ◎单词 ······················ 168

遇到麻烦　173

- 找什么？◎钱包丢掉了 ·············· 174
- 一起找◎最好报警吧 ·············· 175
- ◎单词 ······················ 176

出外问路　178

- 这条路是去西湖的方向吗？ ·············· 178
- 对/错◎想去西湖,坐几号公交车 ·············· 179
- 在哪个地铁站换乘才好呢？◎坐地铁到人民广场站 ·············· 180

交通乘车　181

- 宾馆在哪？◎向前路一直走 ·············· 181
- 在十字路口左转弯就到 ·············· 182
- 要走多久？◎10分钟左右 ·············· 183
- ◎单词 ······················ 184

Part 4
手语基础知识　191~201

手语是什么？　192

手语的特征	193
如何与聋人进行有效的沟通？	196
学手语的注意事项	198
学手语的六个方法	200

参考文献 202

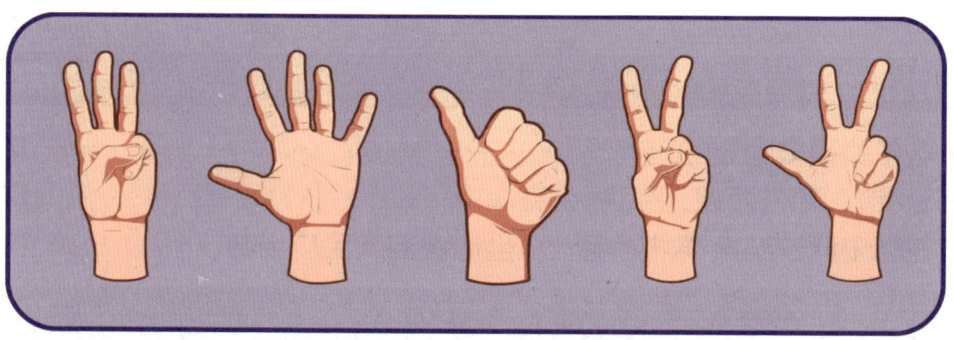

Part 1
认识手语

请走进手语世界,手语是视觉语言

手指字母

手指数字

Part 1　认识手语

请走进手语世界，手语是视觉语言

　　手语词汇的构词，遵循的是将词汇物化为可视化、精练的、形象的，能够通过视觉的接收准确理解意思的原则。总之，一切都可以用双手形象地摹拟和表现，这决定了手语是一种非常形象的语言。

会话

手语

说话

电话

Part 1 认识手语

天气

Part 1 认识手语

动作

Part 1 认识手语

手指字母

手指字母（手指语）是用手指的指式变化代表拼音字母，并按拼音顺序依次拼出词语的语言表达形式。手指语更多地运用在姓氏、人名、专业术语以及暂时无法用形象化的手势动作表达的词语中。

 拇指伸出，指尖朝上，其他四指握拳。	 一手直立，拇指贴于掌心，其他四指并拢，掌心向外。	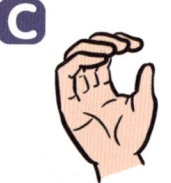 五指弯曲成C形，虎口朝内。	 手握拳，拇指搭在中指第二节上，虎口朝后上方。
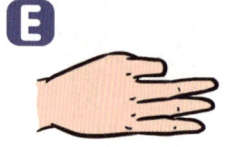 拇指、食指相捏，中指、无名指、小指分开横伸，指尖朝左，手背向外。	 食指、中指分开横伸，指尖朝左，其他三指指尖相捏，手背向外。	 食指横伸，指尖朝左，其他四指握拳，手背向外。	 食指、中指并拢直立，其他三指弯曲，拇指按在无名指上，掌心向外。
 食指直立，其他四指握拳，拇指搭在中指上，掌心向外。	 食指弯曲，其他四指握拳，拇指搭在中指上，虎口朝内。	 食指直立，拇指、中指相搭，拇指按在中指第二节骨节上，其他二指弯曲，虎口朝内。	 拇指、食指分开成L形，其他三指握拳，手背向内。

拇指、小指弯曲,拇指按在小指第一节上,其他三指并拢弯曲,置于拇指上,掌心向外。

拇指、无名指、小指相捏,拇指按在无名指上,食指、中指并拢,向下弯曲,置于拇指上,掌心向外。

五指相捏成O形,虎口朝内。

拇指、食指相捏成圆圈,其余三指并拢,指尖朝下,虎口偏向左前方。

拇指、食指、中指相捏,指尖向左前方,其余二指弯曲。

拇指、食指张开,拇指指尖朝上,食指指尖朝左,其余三指握拳,手背向外。

食指、中指、无名指、小指并拢弯曲,拇指伸出,掌心偏向左前方。

拇指、中指、无名指相捏,指尖朝前,食指、小指直立,掌心偏向左前方。

手直立,食指、中指、无名指、小指并拢,掌心向外。

食指、中指分开成V形,指尖朝上,其他三指弯曲,拇指按在无名指上,掌心向外。

 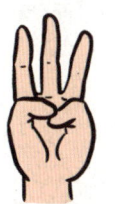
食指、中指、无名指分开成W形,指尖朝上,其他二指相搭,掌心向外。

食指、中指交叉相叠,指尖朝上,其他三指握拳,拇指按在无名指上,掌心向外。

食指、小指伸出,指尖朝上,其他三指握拳,掌心向外。

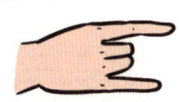
食指、小指横伸,指尖朝左,其他三指弯曲,拇指按在中指和无名指上,手背向外。

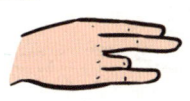
食指、中指、小指横伸,指尖朝左,拇指、无名指弯曲,拇指按在无名指上,手背向外。

五指相捏,指尖朝前,掌心偏向左前方。

Part 1 认识手语

手指数字

手语中的数字打法可以在数学、年龄、出生年月日、时间、人数、钱币数量等不同情境和场合中使用。如果用手语数字表达约会时间搞错的话会让人尴尬的，所以请好好记住吧。

1 一手食指直立，掌心向外。

2 一手食指、中指直立分开，掌心向外。

3 一手中指、无名指、小指直立分开，掌心向外。

4 一手食指、中指、无名指、小指直立分开。

5 一手五指直立分开，掌心向外。

6 一手拇指、小指直立，掌心向外。

7 一手拇指、食指、中指相捏，虎口朝左，指尖朝左斜前方。

8 一手拇指、食指张开，掌心向外。

9 一手食指弯曲，指背向上，虎口朝内。

10 一手食指、中指直立相叠，掌心向外。

一 一手食指横伸，手背向外。

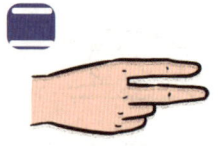

二 一手食指、中指横伸分开，手背向外。

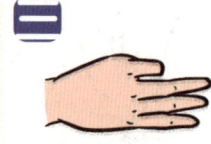

三 一手中指、无名指、小指横伸分开，手背向外。

快/乐/学/手/语

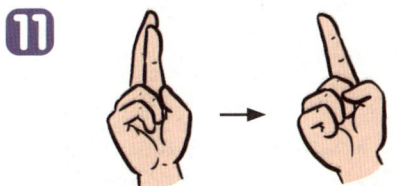
11
一手食指、中指直立分开,向前弯动两下。
一手食指直立,掌心向外。

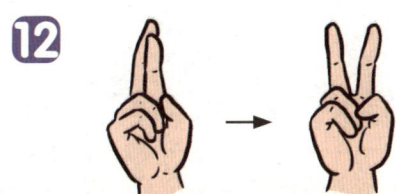
12
一手食指、中指直立分开,向前弯动两下。
一手食指、中指直立分开,掌心向外。

10
一手食指、中指直立相叠,掌心向外。

20
一手食指、中指直立分开,向前弯动两下。

30
一手中指、无名指、小指直立分开,向前弯动两下。

60
一手伸拇指、小指,指尖朝上,向前弯动两下。

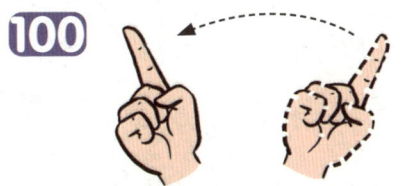
100
一手食指直立,由左向右挥动一下。

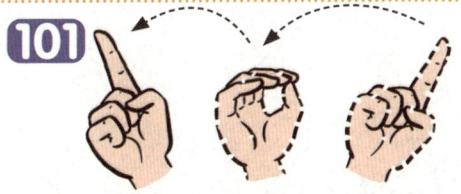
101
一手食指直立,由左向右挥动一下,再伸五指捏成圆形,虎口朝内,然后伸食指直立,掌心向外。

1千
一手食指直立,一手食指指尖朝前书空"千"字。

2千
一手食指、中指直立分开,掌心向外,再伸出食指指尖朝前书空"千"字。

1万
一手食指书空"丁"形,表示"万"字的横折钩部分。

2万
一手食指、中指直立分开,掌心向外,再伸出食指书空"丁"形,表示"万"字的横折钩部分。

亿
右手五指成"匚"形,指尖朝左,四指在上,拇指在下,由外向内微动一下。

Part 2
手语常见会话

问候

疑问句·肯定句·否定句

6W1H

问候

早上好

早上
一手五指撮合，向上做弧形稳妥移动，同时伸开五指。

好
一手伸拇指，面露赞赏表情。

早安

早
一手五指撮合，向上做弧形稳妥移动，同时伸开五指。

安
一手横伸，掌心向下，自胸部向下一按。

Part 2　手语常见会话

今天天气很好啊

今天

双手横伸，掌心向上，在腹前同时上下掂动两下。

天气

右手食指横伸，指尖朝上，向右做弧形移动。

天气

右手五指并拢，掌心向外，置于头前，向右做弧形移动。

好

一手伸拇指，面露赞赏表情。

快/乐/学/手/语

刚睡醒，好困！

问候

睡觉

一手掌心贴在脸上，头微侧，闭眼，如睡觉状。

醒

头先歪向一边，眼闭拢；一手拇指、食指相捏置于一眼角处，然后张开，眼睛同时睁开，头抬正。

困

一手五指张开，掌心向内，边向前移动边握拳，头随之垂下，眼睛闭拢。

睡眠不足，累

睡觉

一手掌心贴在脸上，头微侧，闭眼，如睡觉状。

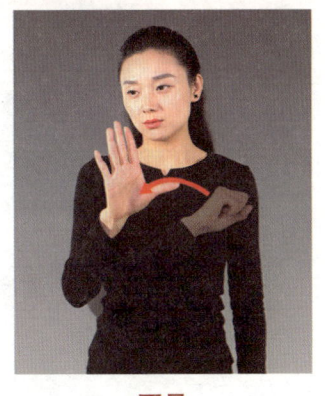

不足

右手握拳、虎口先朝左肩碰一下，再分开并张开五指。

累

右手握拳捶一下左臂，面带劳累表情。

Part 2　手语常见会话

嗨，你身体还好吗？

嗨

一手直立，掌心向外，左右摆几下。

健康

双手握拳，手背向外，捶两下胸部。也用于表示姓氏"康"。

好吗？

一手伸拇指，面露疑问表情。

好久不见了，工作好吗？

见

双手食指、中指微曲，指尖相对，从两侧向中间移动，表示双方目光相接。

没

双手五指捏成圆形，虎口朝内，晃动两下。

工作

双手握拳，一上一下，右拳向下砸一下左拳。

好

一手伸拇指，面露赞赏表情。

快/乐/学/手/语

最近过得怎么样？

问候

最近

一手拇指、食指相捏，指尖朝后微动两下，用于表示不久前刚刚发生的事情。

过

双手拇指、食指搭成大圆形，虎口朝内，由右下方向头上方移动两下，表示一天天过日子。

怎么样

双手拇指、食指成"L"形，置于脸颊两侧并上下交替动两下。

我很忙

我

一手食指指一下自己（或一手手掌拍一下胸部）。

忙

双手平伸，掌心向下，五指分开，在身前左右摆动几下，表示双手忙个不停。

17

Part 2　手语常见会话

晚上好 / 晚安

晚上

右手五指成90°角，掌心向左，置于额前，然后拇指不动，其他四指向下移动五指捏合。

好

一手伸拇指，面露赞赏表情。

晚安

先右手五指成"L"形，掌心向左，置于眼前，然后拇指不动，其他四指向下移动与拇指捏合，然后手横伸，掌心向下，自胸部向下一按。

祝你好梦

祝

双手抱拳，前后摇动几下，面露喜悦表情。

好

一手食指指向对方。

梦

一手伸拇指、小指，从太阳穴处斜着向上旋转上升。

今天很热啊

今天　　　　　　　　　　热　　　　　　　　　　很

双手横伸，掌心向上，在腹前同时上下掂动两下。

一手五指微曲，指尖朝上，上下微动几下。

一手食指横伸，拇指尖抵于食指根部，并向下一顿。

今天很冷啊

 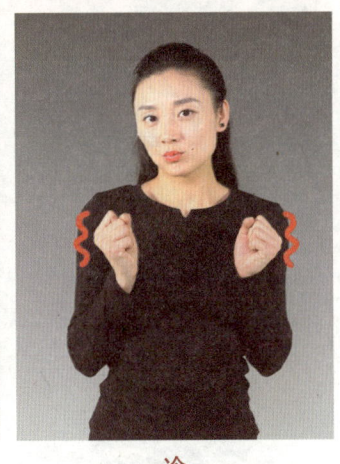 

今天　　　　　　　　　　冷　　　　　　　　　　很

双手横伸，掌心向上，在腹前同时上下掂动两下。

双手握拳屈肘，小臂抖动几下，如哆嗦状。

一手食指横伸，拇指尖抵于食指根部，并向下一顿。

Part 2　手语常见会话

谢谢你

谢谢你
一手伸拇指，向前弯动两下，面露微笑表情。

　　一手伸出拇指，弯曲两下，其余四指握拳，表示向人感谢。这个手势动作是模拟向对方躬身点头，以此表示感谢之情；
　　此打法带有方向性，包括"你、他"在内，因此"你"或"他"的打法可省略掉。

今天真的非常谢谢你

今天
双手横伸，掌心向上，在腹前同时上下掂动两下。

真的
左手食指横伸；右手食指直立，再向下敲一下左手食指。

谢谢
两手伸拇指，向前弯动两下，面露微笑表情。

没关系，不用客气

没关系
双手拇指、食指捏成小圆圈，先互相套环，再打开。

客气
双手平伸，掌心向上，向外移动两下。

不用
一手直立，掌心向外，左右摆动几下。

快/乐/学/手/语

对不起 / 抱歉

问候

对不起
一手五指并拢，举于额际，如行军礼状，然后伸小指，在胸部点几下，表示向人对不起并自责。

抱歉
双手拇指、中指相捏，一上一下，然后边互碰边弹开拇指、中指。

今后请多多关照

今后
右手伸小指，指尖朝下，往下移动。

多
一手食指横伸，拇指尖抵于食指根部，向下一顿。

关照
左手伸拇指；右手食指、中指张开，指尖朝前，向左手点动两下。

21

Part 2　手语常见会话

下次再见面吧

再
右手拇指、食指、中指相捏，边向左侧移动边横伸出食指、中指。

见面
双手食指、中指微曲，指尖相对，从两侧向中间移动，表示双方目光相接。

什么时候好？

什么
一手食指直立，掌心向外，左右晃动几下，面露疑问表情。

时间
左手侧立；右手伸拇指、食指，拇指尖抵于左手掌心，食指向下移动。

好
一手伸拇指，面露赞赏表情。

嗯，再见

点点头
用"点点头"来表示嗯。

再见
一手上举，五指微曲，向前挥动两下。

快/乐/学/手/语

有空再联系我

以后

右手伸小指,指尖朝下,往下移动。

联系

双手拇、食指互相套环,同时左右移动两下。

我

一手食指指一下自己。

问候

等你来联系我吧

联系

双手拇、食指互相套环,同时左右移动两下。

我

一手食指指一下自己。

等

一手横伸,手背贴于下颌。

23

Part 2 手语常见会话

送别客人

快/乐/学/手/语

走了

走
一手食指、中指分开,指尖朝下,交替向前移动。

再见

再见
一手上举,五指微曲,向前挥动两下。

小心点

小心点
左手握拳,手背朝上;右手拇指、小指指尖相捏,指尖朝上,指尖根部在左手手背上轻碰两下。

问候

什么时候回来?
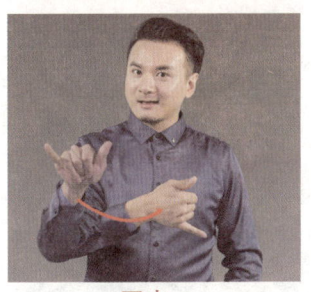
回来
一手伸拇指、小指,指尖朝前,由外向内移动一下。

时间
右手伸食指,指尖朝左手腕部点动两下,表示手表上的点钟。

几
一手直立,掌心向内,五指交替点动几下。

你要去哪里?

去
一手伸拇指、小指,指尖朝前,由内向外移动。

哪里
一手食指直立,掌心向外,左右晃动几下,面露疑问表情。

25

Part 2　手语常见会话

看看有忘带的东西吗？

忘记
一手五指撮合，按于前额，然后边向脑后移动边张开。

东西
双手食指指尖朝前，先互碰一下，再分开并张开五指。

有
一手伸拇指、食指，手背向下，拇指不动，然后食指向内弯动两下。

有，请放心吧

有
一手伸拇指、食指，手背向下，拇指不动，然后食指向内弯动两下。

放心
双手拇指、食指张开，手背向外仿"♥"形，贴于胸部，然后向下移动一下，表情放松。

回家

你辛苦了

你

一手食指指向对方。

辛苦

右手握拳，连续快捶几下左肘内侧，面带劳累表情。

Part 2　手语常见会话

你这么晚回来

你
一手食指指向对方。

回来
一手伸拇指、小指，指尖朝前，由外向内挥动一下。

晚
左手侧立；右手五指伸出，拇指尖抵于左手掌心，其他四指向下转动，表示时间已迟。

你来得太早了

时间
左手侧立；右手伸拇指、食指，拇指尖抵于左手掌心，食指向下移动。

早
一手横立，伸食指、中指、无名指、小指并拢先置于下颌处，然后边由左向右刮动边缩回。

快
一手拇指、食指相捏成小圆圈，从一侧向另一侧做快速划动，如流星一般，象征速度快。

就餐

Part 2 手语常见会话

请多吃点，没关系

吃

一手伸食指、中指，由外向嘴边拨动，模仿用筷子吃饭状。

请

一手平伸，掌心向上，同时向一侧移动一下。

没关系

右手直立，掌心向左，食指尖朝下颌处碰两下。（南方打法）

好吃吗？   很好吃   再来一碗

好吃吗

一手伸拇指、食指，食指指一下嘴唇，然后向前伸出大拇指。

很好吃

一手拇指、食指、中指相捏，置于嘴边，然后猛地向前伸出大拇指，表示太美味。

再来

右手拇指、食指、中指相捏，边向左侧移动边横伸出食指、中指。

吃饱了

问候

整理吧？

谢谢您

Part 2　手语常见会话

吃饱了 / 吃太饱了

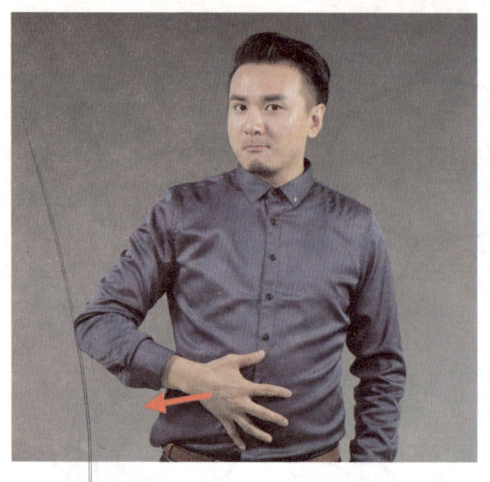

饱

一手横立，先贴于胃部然后向前微移。

太饱

左手五指微曲侧立，手背向外；右手虚握，虎口朝上，然后移至左手掌心砸一下，表示撑饱了肚子。

收拾整理吧！

收拾

双手平伸，掌心向上，自外向内边移动边握拳表示收拾好东西状。

整理

双手侧立，掌心相对，一顿一顿向一侧移动几下。

单　词

快/乐/学/手/语

问候

工作
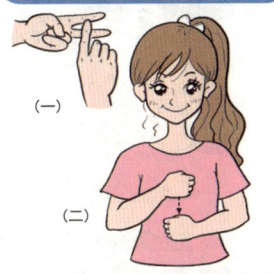
左手食指、中指与右手食指搭成"工"字形。双手握拳，一上一下，右拳向下砸一下左拳。

学校

双手斜伸，掌心向内，置于胸前，如读书状。双手搭成"∧"形。

中午

一手食指、中指相叠，指尖朝上，手背向内置于头前，然后食指、中指张开。

盘子

双手拇指、食指搭成大圆形，由下向上微移一下，如盘子状。

手纸

（一）一手五指张开，指尖朝内，边擦一下鼻部边撮合五指。
（二）双手拇指、中指相捏，指尖朝下，微微抖动几下。

手机

一手五指微曲，置于耳旁，如持手机打电话状。

传真

一手伸拇指、小指，指尖朝下，拇指置于耳边，小指置于口边，如打电话状。左手横伸；右手平伸，掌心向上，自左手掌心下向前伸出。

复印

左手横伸；右手五指张开，指尖朝上抵于左手掌心，然后边向下移动边撮合五指，反复一次。

电脑

双手平伸，掌心向下，五指交替灵活点动，如敲击计算机键盘状。

33

Part 2 手语常见会话

上网

右手伸食指直立朝上,双手五指分开,手背向外,交叉搭成格子,并向两侧斜下方微移。

今天

双手横伸,掌心向上,上下颠动两下。

昨天

一手食指直立,自太阳穴处向后划动一下。

明天

一手食指抵于太阳穴,头微偏,然后食指向外移动,头转正。

前天

一手食指、中指直立分开,自太阳穴处向后划动一下。

后天

一手食指、中指抵于太阳穴,头微偏;然后食指、中指向外移动,头转正。

刚才

一手拇指、食指相捏,指尖朝后,置于一侧肩前,前后微动两下,用于表示不久前刚刚发生的事情。

上周

右手伸食指直立朝上,左手食指横伸。右手食指、中指相捏,刮一下左手食指。

下周

右手伸食指直立朝下,左手食指横伸。右手食指、中指相捏,刮一下左手食指。

疑问句・肯定句・否定句

今天是星期三吗？

今天
双手横伸，掌心向上，在腹前同时上下掂动两下。

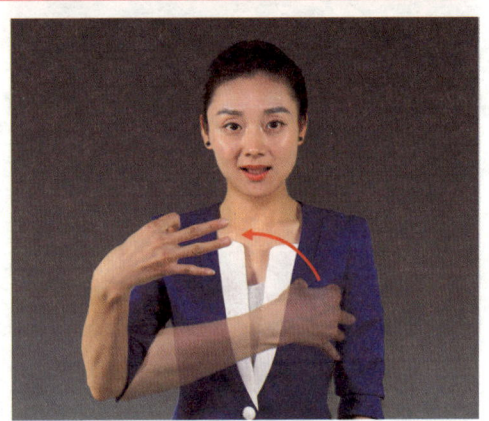

星期三
右手中指、无名指、小指横伸，手背向外，在左胸部蹭一下，然后指尖朝上，手背向外。表示星期三。

正确

正确
左手食指直立；右手侧立，指尖对着左手食指，边向下一顿边伸出拇指。

对
一手伸拇指，表示"好""对""赞"等。

Part 2　手语常见会话

不，今天是星期四

不

一手直立，掌心向外，摆动两下。

今天

双手横伸，掌心向上，在腹前同时上下掂动两下。

星期

右手食指、中指、无名指、小指略分开，指尖朝下，在左胸部蹭一下。(表示星期四)

四

一手食指、中指、无名指、小指横伸分开，手背向外。(表示星期四)

快/乐/学/手/语

去庙会吗？

庙会

左手直立，掌心向右；右手做敲木鱼状。

要

一手平伸，掌心向上，从前向后移动一下。

去

一手伸拇指、小指，指尖朝前，由内向外移动。

疑问句·肯定句·否定句

当然要去啊

去

一手伸拇指、小指指尖朝前，由内向外移动。

要

一手平伸，掌心向上，从前向后移动一下。

因为有事不能去

有事

左手虚握，虎口朝上，右手伸拇指、食指，食指指尖朝前置左手虎口上，然后向下几顿。

去

一手伸拇指、小指指尖朝前，由内向外移动。

不能

一手伸小指，向下甩动一下。

Part 2　手语常见会话

我不明白这个问题

这
一手伸食指，指尖朝下指两下。

问题
一手食指书空"？"号，表示头脑出现问号。

不明白
一手伸小指，指尖朝太阳穴点两下，面露疑问表情。

办法/内容/意思

办法
双手打手语字母"F"的指式，同时上下动两下。

内容
左手横立微曲；右手食指直立，指尖朝下，在左手掌心内由上而下移动两下。

意思
一手平伸，掌心向上，拇指、中指指尖相捏，然后弹动两下。

工作方法

工作
双手握拳，一上一下，右拳向下砸一下左拳。

方法
双手打手语字母"F"的指式，同时上下动两下。

我知道/我明白

知道/明白

一手食指直立，指尖朝太阳穴敲两下。

我不知道/不明白

不知道/不明白

一手伸小指，指尖朝太阳穴点敲两下，面露疑惑表情。

疑问句·肯定句·否定句

请多指教我

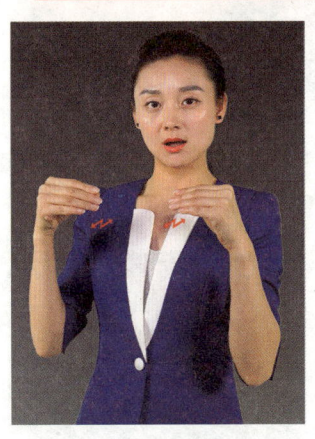

教

双手五指撮合，指尖相对，手背向外，在胸前前后晃动几下。

我

一手食指指一下自己。

拜托

一手伸拇指、食指，手背向上，拇指不动，食指向前额后再弯动两下。面露请求的表情。

Part 2　手语常见会话

明天能完成任务吗？

明天

一手食指尖抵于太阳穴处，头微偏；然后手向外移动，头部转正，表示睡觉后过了一天，引申为明天。

任务

右手五指张开成"〔"形，移至左肩上。

做到

（一）双手握拳，一上一下，右拳向下砸一下左拳。（二）一手伸拇、小指，向前做弧形移动，然后向下一顿。

可以

一手直立，掌心向外，食指、中指、无名小指弯动两下。

能　　　不能　　　试试看

能

一手直立，掌心向外，食指、中指、无名指、小指用力弯动一下，面露肯定表情。

不能

一手伸小指，向下甩动一下。

试试

一手伸拇指、小指，指尖朝上置于鼻侧，交替弯动两下。

快/乐/学/手/语

你会游泳吗？

你
一手食指指向对方。

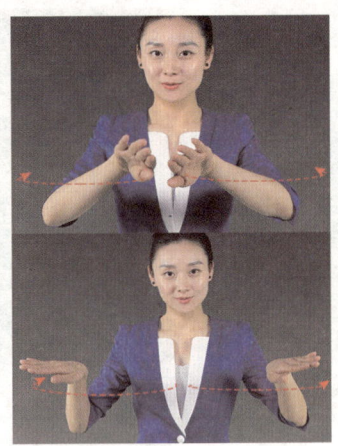
游泳
双手微曲，两臂同时向前伸出，划动，仿蛙泳动作。

会
一手五指并拢，指尖抵于前额，然后向前伸出，指尖朝前。

疑问句·肯定句·否定句

我不会游泳

游泳
双手微曲，两臂同时向前伸出，划动，仿蛙泳动作。

不会
一手掌横置额前，然后从一侧向别一侧划过，面露疑惑表情。

Part 2　手语常见会话

你能开车吗？/你会开车吗？

开车
双手虚握，左右转动，如操纵方向盘状。

会
一手五指并拢，指尖抵于前额，然后向前伸出，指尖朝前。

我能

我还可以

能
一手直立，掌心向外，食指、中指、无名指、小指用力弯动一下，面露肯定表情。

可以
一手直立，掌心向外，食指、中指、无名指、小指弯动两下。

我没有带驾驶证

驾驶
双手虚握，左右转动，如操纵方向盘状。

证件
左手平伸；右手五指弯曲，指尖朝下在左手掌心上一按，如盖章状。

没有
一手（或双手）拇指、食指相捏，其他三指直立，掌心向外，晃动几下。

公交车站在哪里？

公交车 | **在** | **哪里**

一手虚握，虎口朝内，前后移动两下，如握公交车上方把手状。 | 左手横伸；右手伸拇指、小指，由上而下移至左手掌心上。 | 一手食指直立，掌心向外，左右晃动几下，面露疑问表情。

对不起，我不知道在哪里

抱歉 | **哪里** | **不知道**

双手拇指、中指相捏，一上一下，然后边互碰边弹开拇指、中指。 | 一手食指直立，掌心向外，左右晃动几下，面露疑问表情。 | 一手伸小指，指尖朝太阳穴点两下，面露疑惑表情。

疑问句·肯定句·否定句

Part 2　手语常见会话

知道，往前路的尽头左拐弯走

知道

一手食指直立，指尖朝太阳穴处敲两下。

路

双手侧立，掌心相对，向前移动。

终点

左手伸小指；右手伸食指朝左手小指刮一下，表示最后的意思。

直达

左手横伸，掌心朝内；右手握拳在左手掌上轻捶一下

左边

右手拍一下左臂（或一手食指向左一指）。

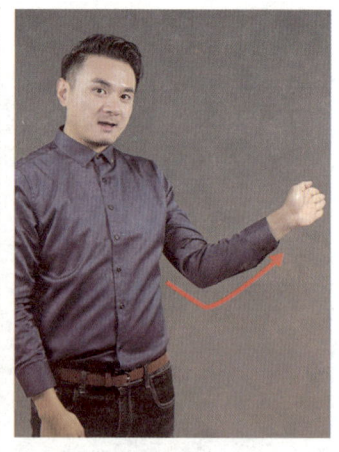

拐弯

一手侧立，先向前一伸，再转向右弯一侧。

快/乐/学/手/语

疑问句·肯定句·否定句

现在，时间来得及吗？

现在

双手横伸，掌心向上，在腹前同时上下掂动两下。

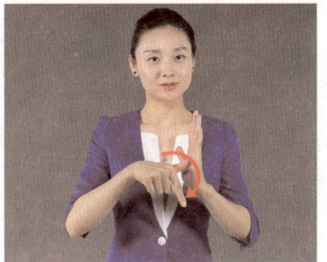

时间

左手侧立；右手伸拇指、食指，拇指尖抵于在手掌心，食指向下移动。

够

右手五指成"⊐"形，虎口内，朝左胸部碰一下。

OK / 没问题

OK

一手伸拇指，面露赞赏表情。

没

一手（或双手）五指捏成圆形虎口朝内，晃动两下。

问题

一手食指书空"？"号，表示头脑出现问号。

现在时间有点紧张

现在

双手横伸，掌心向上，在腹前同时上下掂动两下。

时间

左手侧立；右手伸拇指、食指，拇指尖抵于在手掌心，食指向下移动。

紧张

一手握拳，朝一侧太阳穴敲两下，面带苦恼表情。

Part 2 手语常见会话

你喜欢他吗？

他
一手食指批向侧方第三者。

喜欢
一手拇指、食指微曲，面露疑问表情。

是的，我很喜欢

是
身体偏向侧；一手食指、中指相又叠，朝前下方挥动一下。

喜欢
一手拇指、食指微曲，同时头向下微点两下。

我讨厌他

讨厌
一手拇指、食指在鼻翼处相捏，然后向外用力一甩，脸露讨厌的表情。

快/乐/学/手/语

疑问句・肯定句・否定句

你喜欢他的是什么？

他
一手食指指向侧方第三者。

喜欢
一手拇指、食指微曲指尖朝下颏处点两下，同时头向下微点两下。

什么
一手食指直立，掌心向外，左右晃动几下，面露疑问表情。

他的优点是懂礼貌

优点
左手平伸；右手伸拇指、食指，食指指尖点一下左手掌心，然后缩回食指。

礼貌
双手平伸，掌心向上，交替前后移动两下。

好
一手伸拇指，面露赞赏表情。

Part 2　手语常见会话

你讨厌他的是什么？

 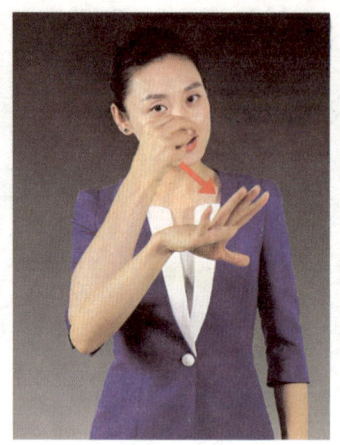 

他　　　　　　　　　　讨厌　　　　　　　　　　什么

一手食指指向侧方第三者。　　一手拇指、食指在鼻翼处相捏，然后向外用力一甩，脸露讨厌的表相。　　一手食指直立，掌心向外，左右晃动几下，面露疑问表情。

性急 / 脾气差

性急　　　　　　　　　　脾气　　　　　　　　　　差

双手五指弯曲，指尖贴胸，上下交替移动几下。　　左手横伸，掌心向下；右手伸拇指、食指捏一下左手的皮肤，一手指字母"Q"的指式，指尖朝内置于鼻孔处。　　一手伸小指，面露厌恶表情。

快/乐/学/手/语

要喝杯咖啡吗？

疑问句·肯定句·否定句

咖啡
左手五指成半圆形，虎口朝上；右手打手指字母"K"的指式，中指指尖朝下，在左手虎口内做搅拌动作。

要
一手平伸，掌心向上，从前向后移动一下。

可以
一手直立，掌心向外，食指、中指、无名指、小指弯动两下。

可以 / 不用

可以
一手直立，掌心向外，食指、中指、无名指、小指弯动两下。

不用
一手直立，掌心向外，左右摆动两下，面露疑问表情。

49

Part 2　手语常见会话

单　词

白酒

（一）

（二）

（一）一手直立，掌心向外，五指弯曲，指尖弯动两下。
（二）一手打手指字母"J"的指式置于嘴边，如喝酒状。

冰

一手食指、中指、无名指、小指弯曲，指背贴于脸颊。

红酒

（一）

（二）

（一）一手打手指字母"H"的指式，摸一下嘴唇。
（二）一手打手指字母"J"的指式置于嘴边，如喝酒状。

热

一手五指张开，在额头上一抹，如流汗状。

食物

（一）

（二）

（一）一手伸食指、中指，由外向嘴部拨动，模仿用筷子吃饭状。
（二）双手食指指尖朝前，先互碰一下，再分开并张开五指。

包子

左手横伸；右手五指张开，指尖朝下，在左掌心上边向上移动边捏合，仿包包子动作。

出租车

一手食指指尖朝前,中指弯曲,指尖抵于食指,向前移动。

电影

左手五指成半圆形,虎口朝上;右手五指弯曲,指尖朝前,手腕碰两下左手虎口。

足球

左手拇指、食指捏成圆形;右手食指、中指叉开,交替弹向左手拇指,如踢足球状。

健身

(一)

(二)

(一)双手握拳,虎口朝上,用力向下一顿,挺胸抬头。
(二)一手掌心贴于胸部,向下移动一下,表示健身。

牛奶

(一)一手伸拇指、小指,拇指尖抵于太阳穴,小指尖朝前。
(二)一手五指微曲,虎口朝上,上下捋动两下,仿挤牛奶的动作。

重要

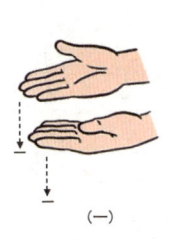
(一)

(二)

双手平伸,掌心向上,在胸前同时向下一顿,用于表示物体重量,一手平伸,掌心向上,从前向后移动一下。

Part 2　手语常见会话

伤心

一手虚握，贴于胸部转动一圈，身体向一侧微斜，面露难过表情。

寂寞

一手拇指、食指、小指直立，手背向外，在面前左右晃动几下，头微低，面露失落表情。

害怕

一手五指微曲，掌心向内，拍两下胸部，面露害怕表情。

勇敢

双手拇指、食指张开，食指尖朝下，贴于腹部，然后用力向两侧拉开，抬头挺胸，面露坚毅表情。

哭泣

一手食指、中指微曲，指尖指向眼部，然后向下划动两下，如泪水流下，面露悲伤表现。

担心

双手拇指、食指张开仿"♥"形，手背向外，置于胸部，向上一提，面露紧张表情。

平安

（一）双手五指并拢，掌心向下，斜向相搭，然后从中间向两侧平移一下。
（二）一手横伸，掌心向下，自胸部向下一按。

放心

双手拇指、食指张开仿"♥"形，手背向外，置于胸部，然后向下移动一下，表情放松。

后悔

一手伸小指，指尖朝太阳穴点两下。

痛苦

(一)一手虚握，贴于胸部转动一圈，身体向一侧微斜，面露痛苦表情。
(二)一手拇、食指相捏，置于嘴边，互捻两下，面露痛苦表情。

感动

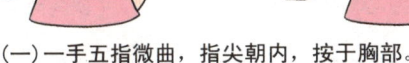

(一)一手五指微曲，指尖朝内，按于胸部。
(二)双手握拳屈肘，前后交替转动几下。

羡慕

一手食指指尖朝下，贴于嘴角向下划动，表示羡慕的状态。

高兴

双手横伸，掌心向上，上下交替移动几下，面露笑容。

微笑

一手拇指、食指弯曲，指尖朝内抵于下颌，面带微笑。

爱

左手伸拇指；右手轻轻抚摸左手拇指指背。

疑问句·肯定句·否定句

Part 2　手语常见会话

生日

左手伸拇指，手背向外；右手伸食指，手背抵于左手，食指转动两下。

心情

双手拇指、食指张开仿"♥"形，手背向外，置于胸部。 双手五指张开，掌心前后相贴；左手不动，右手向右转一下。

幸福

一手打手指字母"X"的指式，并贴于胸部绕一圈。

医院

(一)一手拇指、食指搭成"十"字形，置于前额。
(二)双手搭成"∧"形。

展览会

(一)双手直立，掌心向内，置于面前，然后从中间向两侧一顿一顿分开。
(二)双手直立，掌心分别向左右斜前方，食指、中指、无名指、小指弯动一下。

邮局

(一)左手五指成"匚"形，虎口朝上；右手五指并拢，插在左手虎口内，然后双手同时向前移动。
(二)双手搭成"∧"形。

打扰

(一)左手直立，掌心向内；右手侧立，插入左手食、中指指缝。
(二)双手五指撮合，指尖左右相对，边由两侧向中间移动边张开五指。

庆祝

双手作揖,面带笑容。也用于表示姓氏"祝"和"贺"。

春节

(一)左手握拳,手背向上;右手食指点一下左手食指根部关节。

(二)双手作揖,面带笑容。

元旦

双手食指横伸,一上一下,表示公历一月一日。

五一劳动节

(一)左手横立,五指张开,在上;右手食指横伸,在下。表示公历五月一日。

(二)一手打手指字母"J"的指式,置于前额。

母亲节

(一)右手伸食指,指尖左侧贴于嘴唇。
(二)一手打手指字母"J"的指式,置于前额。

重阳节

(一)双手打手指字母"J"的指式,同数字"九"的手势,一上一下,表示农历九月九日。
(二)一手打手指字母"J"的指式,置于前额。

Part 2　手语常见会话

冬至

（一）左手握拳，手背向上；右手食指点一下左手小指根部关节。
（二）一手伸拇指、小指，向前做弧形移动，然后向下一顿。

国庆节

（一）左手食指、中指横伸相叠，在上；右手食指横伸，在下，即数字"十"和"一"。
（二）一手打手指字母"J"的指式，置于前额。

聋人节

（一）一手伸食指，自一侧耳部划至嘴边。
（二）一手打手指字母"J"的指式置于前额。

端午节

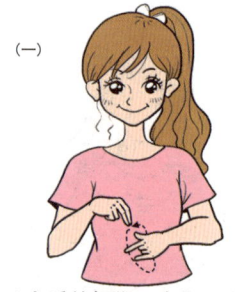

（一）左手伸拇指、食指、小指指尖朝右，中、无名指弯曲；右手拇指、食指相捏，围绕左手转两下，模仿捆粽子的动作。

端午节

（二）一手打手指字母"J"的指式，置于前额。

儿童节

（一）左手伸拇指、食指、小指，手背向外，在上；右手食指横伸，在下，表示公历六月一日。
（二）一手打手指字母"J"的指式，置于前额。

圣诞节

(一)一手五指微曲,指尖朝上,置于下颌,边捏动边向下移动,仿圣诞老人胡子。

(二)一手打手指字母"J"的指式,置于前额。

暑假

(一)一手五指张开,在额头上一抹,如流汗状。

(二)双手交叉,手背向外,贴于胸部。

寒假

(一)双手握拳屈肘,小臂抖动几下,如哆嗦状,表示冷。

(二)双手交叉,手背向外,贴于胸部。

Part 2　手语常见会话

度假

（一）　　　　　　　　　　　　（二）

（一）一手伸拇指、小指，顺时针平行转动一圈。　　（二）双手交叉，手背向外，贴于胸部。

桑拿

（一）双手五指张开，掌心贴于胸部，上下交替移动几下。　　（二）右手虚握，虎口朝前，然后向左转动手腕，表示洗桑拿时拿水舀子浇水。　　（三）双手食指弯曲，指尖朝上，从腹部同时向上做曲线移动。

不好意思

（一）一手直立，掌心向外，左右摆动两下。　　（二）一手伸拇指。　　（三）一手平伸，掌心向上，拇、中指指尖弹动两下。

6W1H
(What、When、Where、Who、Why、Which、How)

手语常见会话

这是什么？

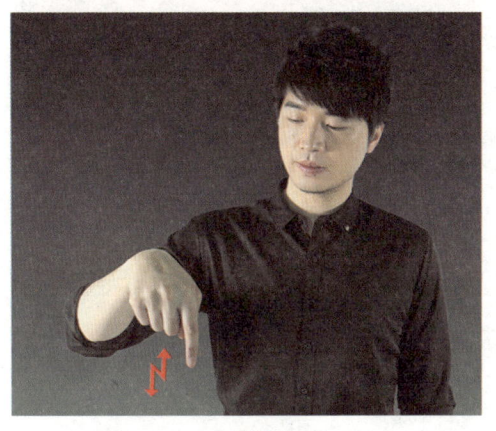

这是

一手伸食指，指尖朝下指点两下。

什么

一手食指直立，掌心向外，左右晃动几下，面露疑问表情。

Part 2　手语常见会话

现在几点？

时间

右手伸食指，指尖朝向左手腕部点动两下，表示手表上的点钟。

几

一手直立，掌心向内，五指分开，交替点动几下。

9点10分

时间

右手伸食指，指尖朝向左手腕部点动两下，表示手表上的点钟。

9

一手食指弯曲，指背向上，虎口朝内。

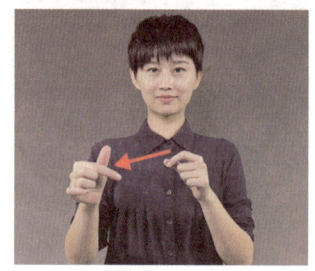

分

左手拇指、食指捏成圆形，虎口朝上；右手拇指、食指搭成"十"字形，在右手旁迅速划动一下。

3点30分 / 3点半

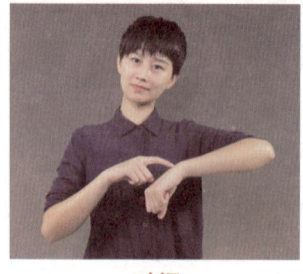

时间

右手伸食指，指尖朝向左手腕部点动两下，表示手表上的点钟。

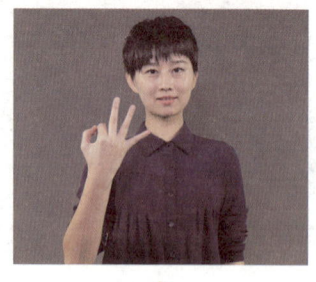

3

一手中指、无名指、小指直立分开，掌心向外。

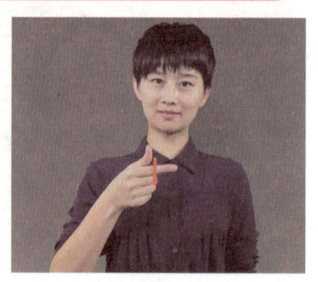

半

一手食指横伸，拇指在食指中部划一下。

什么时候见面？

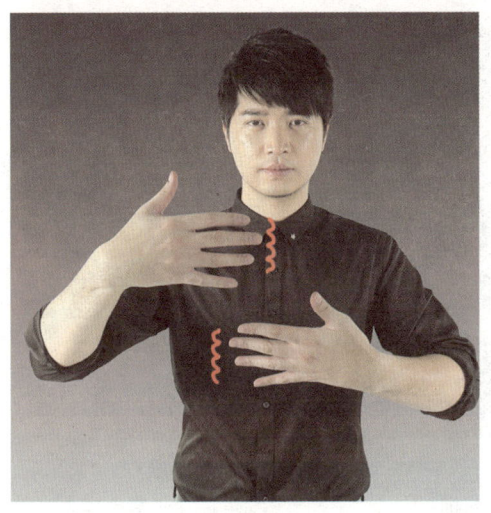

日期

双手横立，一上一下，五指交替点动，上面的手代表月份。

见

双手食指、中指微曲，指尖相对，从两侧向中间移动，表示双方目光相接。

8月20日怎么样？

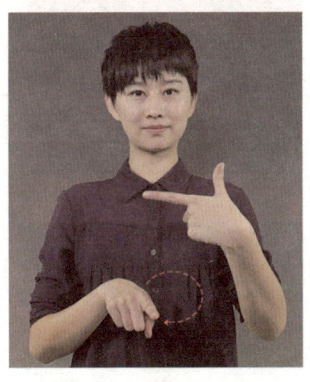

8月

一手拇指、食指张开，掌心向外（或向内）。

8月20日

一手拇指、食指张开，掌心向外；一手食指、中指直立分开，向前弯动两下。

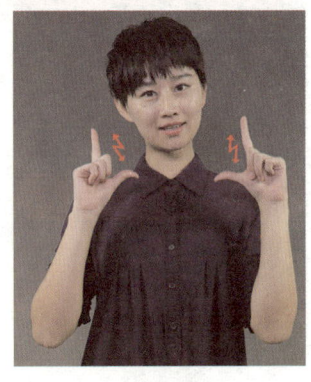

怎么样

双手拇指、食指成"⌐⌐"形，置于脸颊两侧并上下交替动两下。

Part 2　手语常见会话

在哪里约会？

约会
双手交替互拍一下，表示约定。

在
左手横伸；右手伸拇指、小指，由上而下移至左手掌心上。

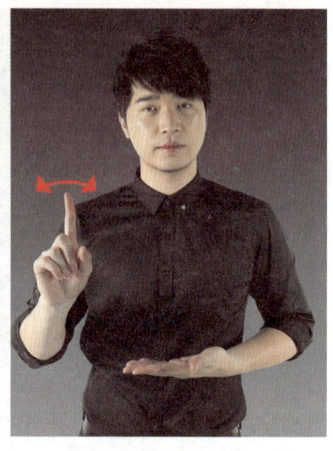
哪里
一手食指直立，掌心向外，左右晃动几下，面露疑问表情。

在星巴克咖啡店见

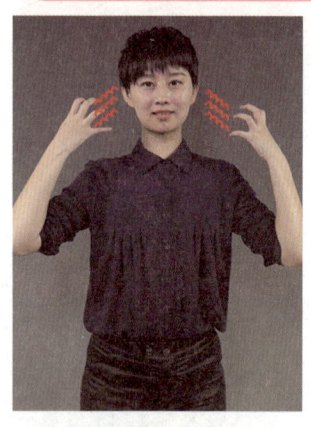
星巴克
双手五指张开，在头部左右耳部向外两侧弯曲一下，表示星巴克标志的女士头发状。

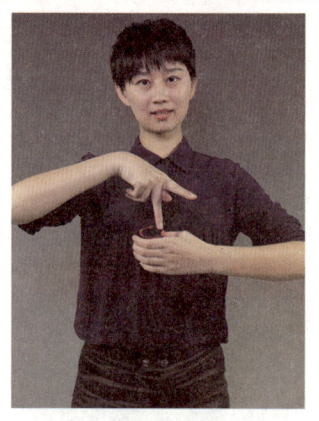
咖啡
左手五指成半圆形，虎口朝上；右手打手指字母"K"的指式，中指指尖朝下，在左手虎口内做搅拌动作。

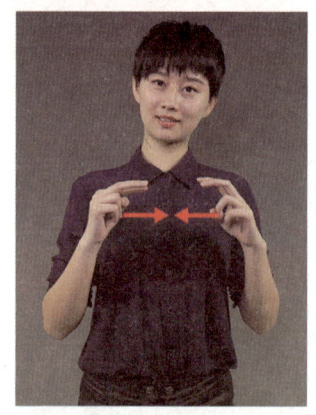
见
双手食指、中指微曲，指尖相对，从两侧向中间移动，表示双方目光相接。

下周星期日怎么样？

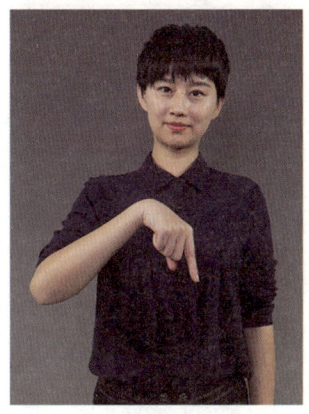

下
一手食指向下一指。

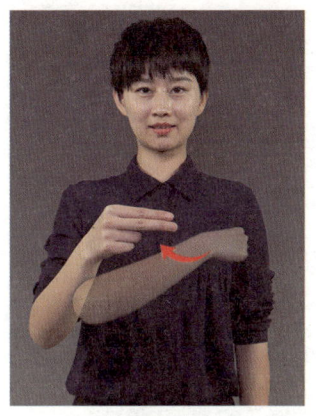

星期日
（表示星期日，右手食、中指分开，指尖朝下，在左胸部足下，然后指尖朝上，手背向外以此类推）。

怎么样
双手拇指、食指成"⌐ ⌐"形，置于脸颊两侧并上下交替动两下。

好的，听你的

好
一手伸拇指，面露赞赏表情。

听
一手五指弯曲，指尖朝耳朵移动两下。

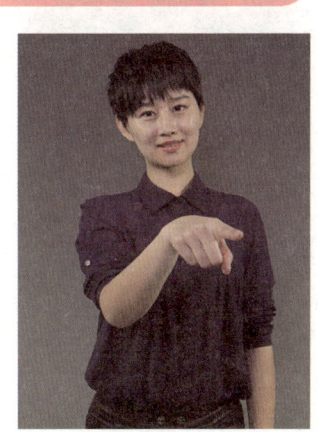

你
一手食指指向对方。

Part 2 手语常见会话

下午2点在咖啡店见面行吗？

下午

一手直立，掌心向外，食指、中指、无名指、小指弯动两下。

点

右手伸食指，指尖朝向左手腕部点动两下，表示手表上的点钟。

2点

一手食指、中指直立分开，掌心向外。

咖啡

左手五指成半圆形，虎口朝上；右手打手指字母"K"的指式，中指指尖朝下，在左手虎口内做搅拌动作。

见面

双手食指、中指微曲，指尖相对，从两侧向中间移动，表示双方目光相接。

可以

一手直立，掌心向外，食指、中指、无名指、小指弯动两下。

想去哪里？

去
一手伸拇指、小指，指尖朝前，由内向外移动。

哪里
一手食指直立，掌心向外，左右晃动几下，面露疑问表情。

想
一手伸食指，在太阳穴处前后转动两圈，面露思考表情。

我想去洗温泉

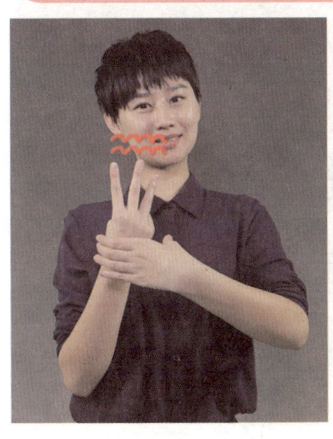
温泉
左手五指成半圆形，虎口朝上；右手食指、中指、无名指分开，指尖朝上置于左手掌心内，如温泉池的冒烟状。

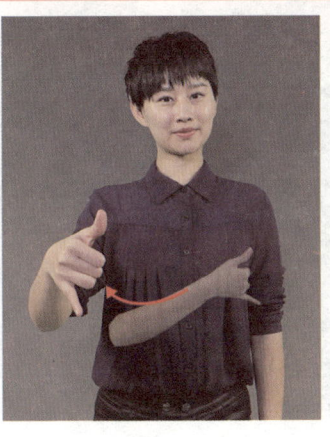
去
一手伸拇指、小指，指尖朝前，由内向外移动。

想
一手伸食指，在太阳穴处前后转动两圈，面露思考表情。

Part 2　手语常见会话

想去美国旅行

美国

双手五指斜向相叉，手背向外，顺时针平行转一圈。（此为美国手语）

旅行

左手握拳，手背朝上；右手伸拇指、小指，在左手背上随意点几下，象征到世界各地旅行。

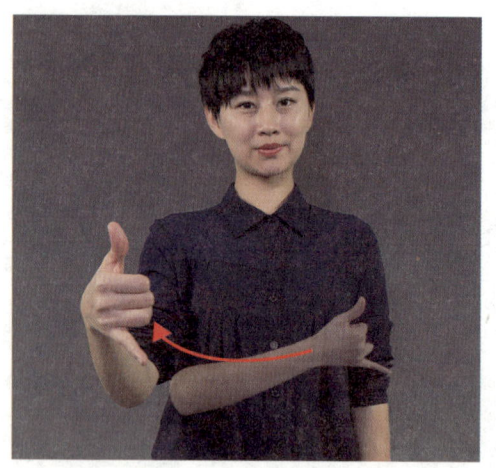

去

一手伸拇指、小指，指尖朝前，由内向外移动。

想

一手伸食指，在太阳穴处前后转动两圈，面露思考表情。

你要去哪里？

你

一手食指指向对方。

去

一手伸拇指、小指，指尖朝前，由内向外移动。

哪里

一手食指直立，掌心向外，左右晃动几下，面露疑问表情。

我要去购物

购

双手横伸，掌心向上，右手背在左手掌心上拍一下，然后向里移。

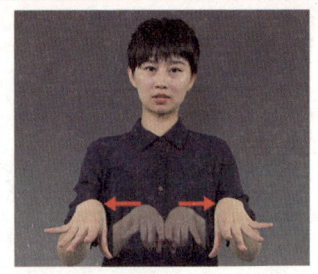

物

双手食指指尖朝前，先互碰一下，再分开并张开五指。

去

一手伸拇指、小指，指尖朝前，由内向外移动。

今天我回家

今天

双手横伸，掌心向上，在腹前同时上下掂动两下。

家

双手搭成"∧"形。

回

一手伸拇指、小指，指尖朝前，由内向外移动。

Part 2 手语常见会话

厕所在哪里？

厕所
一手拇指、食指弯曲，其他三指直立，虎口朝内，左右晃动两下。

在
左手横伸；右手伸拇指、小指，由上而下移至左手掌心上。

哪里
一手食指直立，掌心向外，左右晃动几下，面露疑问表情。

在那边

那边
一手伸食指、指尖朝那一边指出。

请
一手伸出五指并列，掌心朝上，由内向外移动，表示请的常见动作。

在三楼左边

三楼
一手中指、无名指、小指横伸开，一手握拳，一上一下，右拳向下砸一下左拳。

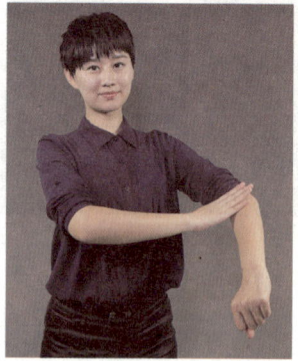
左边
左手拍一下右臂，表示指向右边。

那个人是谁？

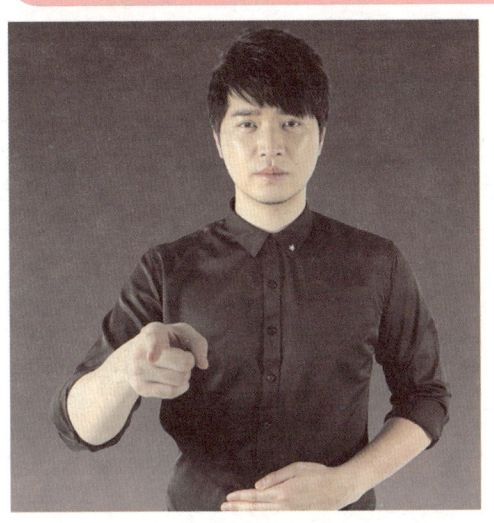

那个
一手伸食指，指尖朝外，指点两下。

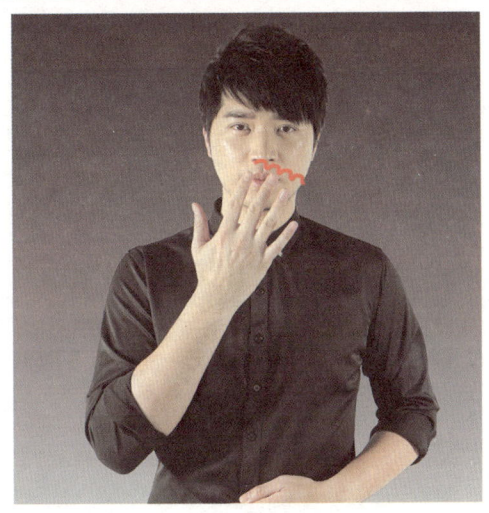

谁
一手直立，掌心向内，五指交替点动几下。

那个人是我的丈夫

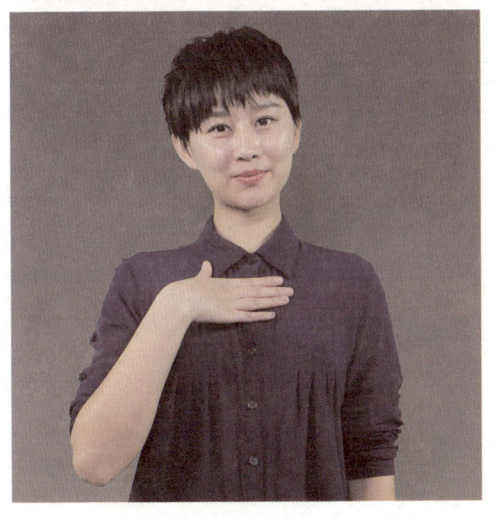

我
一手手掌拍一下胸部（一手食指指一下自己）。

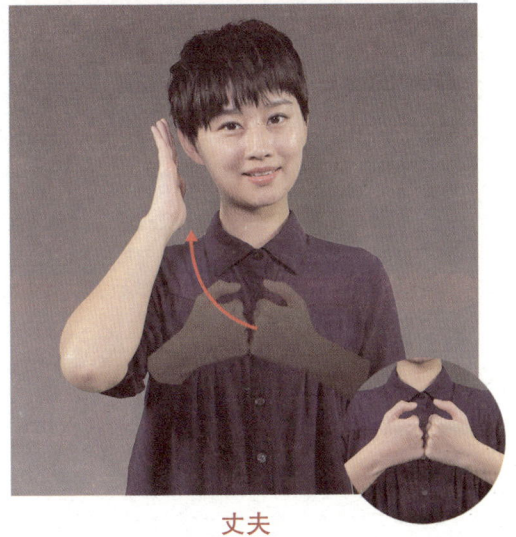

丈夫
一手直立，掌心贴于头的一侧，前后移动几下。双手伸拇指，虎口朝上，指尖相对，弯曲一下。

Part 2　手语常见会话

他是什么样的人？

人

双手食指搭成"人"字形。

怎么样

双手拇指、食指成"⌐⌐"形，置于脸颊两侧并上下交替动两下。

他是个热情的人

他

一手食指指向侧方第三者。

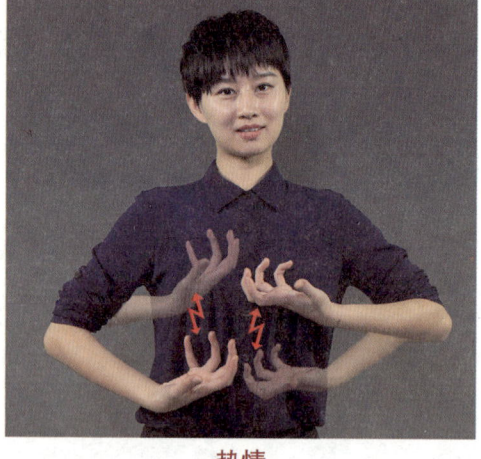

热情

双手平伸，五指微曲，指尖朝上，上下交替动几下，面露微笑的表情。

昨天你为什么缺席？

昨天
一手食指直立，自太阳穴部向后划动一下。

缺席
左手横伸，掌心向上，五指分开右手食指指尖朝下，在左手中指头刮两下。

什么
一手食指直立，掌心向外，左右晃动几下，面露疑问表情。

我发烧了

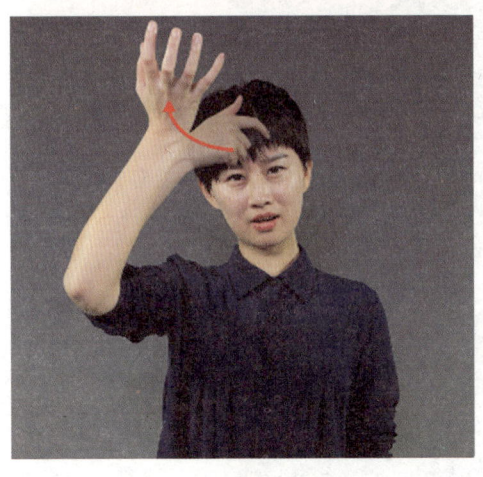

发烧
一手摸一下额头，然后五指微曲，指尖朝上，上下微动两下，面露痛苦表情。

我
一手食指指一下自己。

71

Part 2　手语常见会话

你为什么要离开公司？

公

辞退

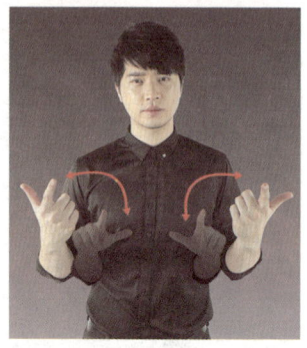

为什么

公司
双手拇指、食指搭成"公"字形，虎口向外。
一手打手指字母"S"的指式。

辞退
左手平伸，掌心向上；右手伸拇指、小指，小指尖抵于左手指尖，再向后移动。

为什么
双手伸拇指、食指，食指指尖朝前，然后手腕左右转动几下，面露疑问表情。

我要结婚，工作辞了

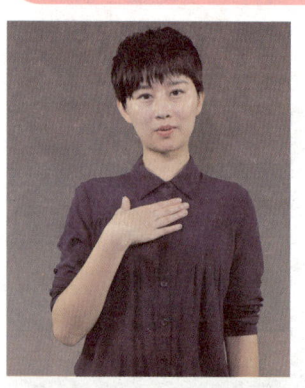

我

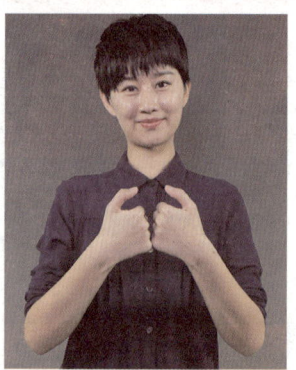

结婚

我
一手食指指一下自己。

结婚
双手伸拇指，虎口朝上，指面相对，弯曲一下。

工作

辞职

工作
双手握拳，一上一下，右拳向下砸一下左拳。

辞职
双手互握，边向一侧甩动边张开五指。

为什么迟到？

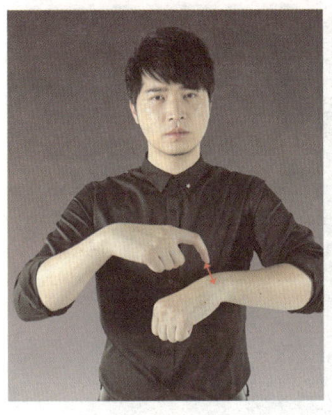
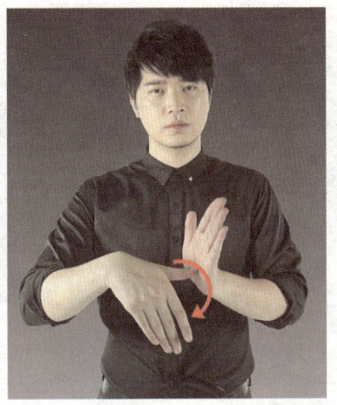
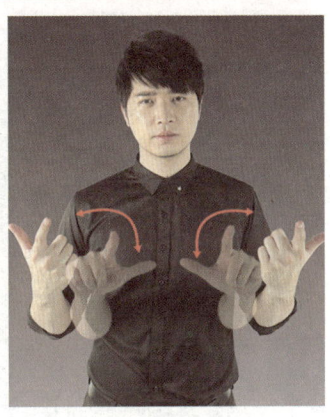

时间
右手伸食指，指尖朝向左手腕部点动两下，表示手表上的点钟。

迟
左手侧立；右手五指伸出，拇指尖抵于左手掌心，其他四指向下转动，表示时间已迟。

为什么
双手伸拇指、食指，食指指尖朝前，然后手腕左右转动几下，面露疑问表情。

公交拖延

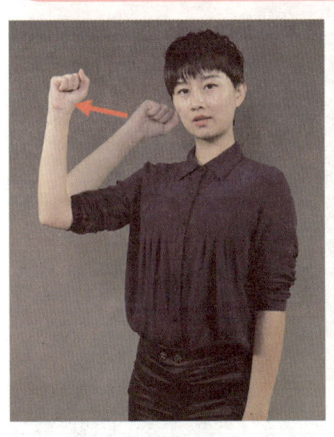
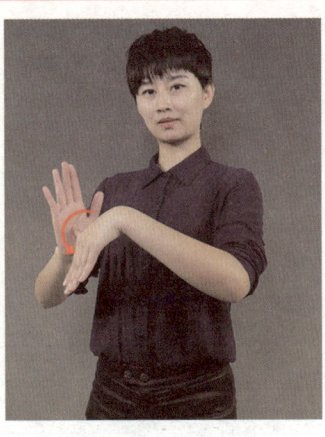

公交
一手虚握，虎口朝内，前后移动两下，如握公交车上方把手状。

耽误
左手侧立；右手五指伸出，拇指尖抵于左手掌心，其他四指向下转动，表示时间已迟。

堵
双手成"匚"形，指尖朝前，左手在前不动，右手从左手腕处一顿一顿向后移动两下，表示车前后相挨。

Part 2　手语常见会话

会议延迟了

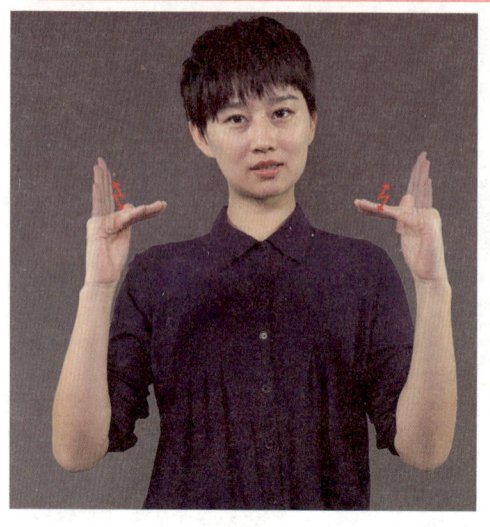

会议
双手直立，掌心左右相对，食指、中指、无名指、小指同时弯曲两下。

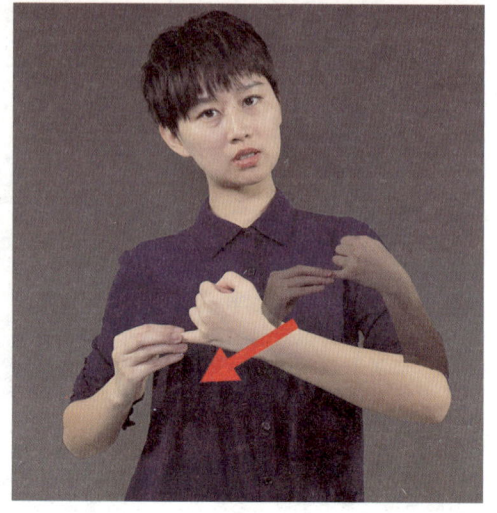

延迟
左手伸小指；右手拇指、食指捏住左手小指向右下方拉。

会议时间更改了

会议
双手直立，掌心左右相对，食指、中指、无名指、小指同时弯曲两下。

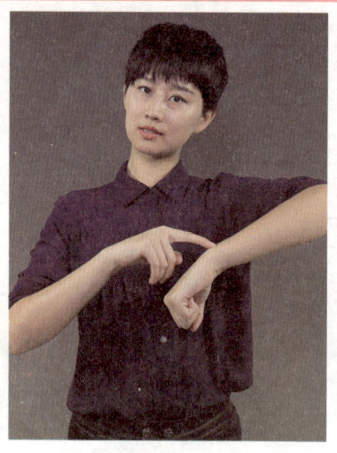

时间
右手伸食指，指尖朝向左手腕部点动两下，表示手表上的点钟。

更改
一手食指、中指直立并分开，由掌心向外翻转为掌心向内。

你喜欢哪一种?

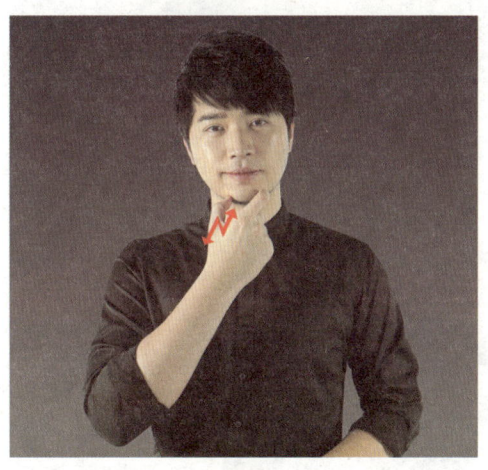

喜欢
一手拇指、食指微曲,指尖朝下颏处点两下,同时头向下微点两下。

哪一种
一手食指直立,掌心向外,左右晃动几下,面露疑问表情。

Part 2　手语常见会话

我喜欢选这个

我想

一手拇指、食指张开，拇指尖抵于嘴角处，食指动几下，眼睛斜视面带考虑或思考的样子。

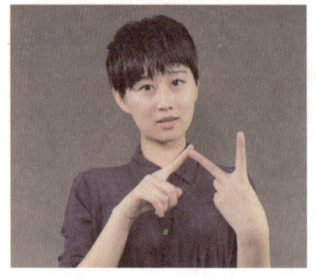

选这个

左手食指、中指直立分开，右指伸食指，点左手食指、中指指头表示选择。

喜欢

一手拇指、食指微曲，指尖朝下颏处点两下，同时头向下微点两下。

两个都喜欢

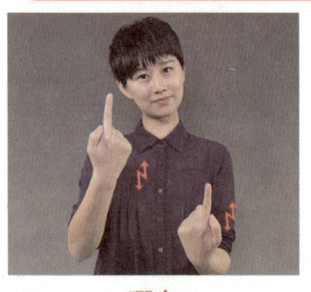

哪个

双手伸食指，上下交替动两下。

两

一手食指、中指直立分开，掌心向外。

喜欢

一手拇指、食指微曲，指尖朝下颏处点两下，同时头向下微点两下。

这个不错，我喜欢

这个好

左手伸食指指向对方，右手伸出大拇指，面露欢喜的样子

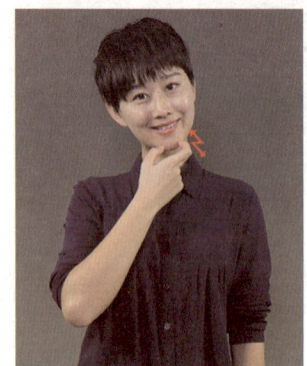

喜欢

一手拇指、食指微曲，指尖朝下颏处点两下，同时头向下微点两下。

咖啡、绿茶要哪个？

咖啡
左手五指成半圆形，虎口朝上；右手打指字母"K"的指式，中指指尖朝下，在左手虎口内做搅拌动作。

绿茶
左手五指并拢，指尖朝右上方；右手五指捋一下左手。

哪个
一手食指直立，掌心向外，左右晃动几下，面露疑问表情。

要咖啡

咖啡
左手五指成半圆形，虎口朝上；右手打指字母"K"的指式，中指指尖朝下，在左手虎口内做搅拌动作。

要
一手平伸，掌心向上，从前向后移动一下。

我不知选择咖啡还是绿茶好

咖啡
左手五指成半圆形，虎口朝上；右手打指字母"K"的指式，中指指尖朝下，在左手虎口内做搅拌动作。

绿茶
左手五指并拢，指尖朝右上方；右手五指捋一下左手。

犹豫不决
左手伸食指，指尖向前；右手食指、中指张开置于左手食指上，并左右晃动。

Part 2　手语常见会话

这个多少钱？

这个

一手伸食指，指尖朝下指点两下。

钱

一手伸拇指、小指，指尖朝前，由内向外移动。

多少

一手直立，五指分开，掌心向内，手指交替抖动几下。

贵啊，能便宜点吗？

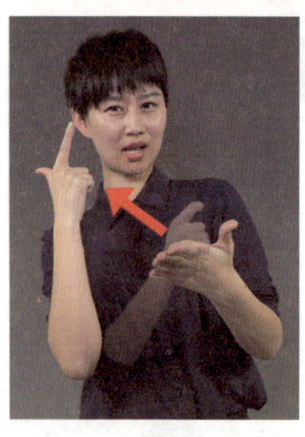

贵

左手平伸；右手拇指、食指相捏，边砸向左手掌心边张开，表示价高，引申为昂贵。

便宜

左手平伸；右手拇指，食指相捏，在左手掌心上微动两下，钱少，引申为便宜。

可以

一手直立，掌心向外，食指、中指、无名指、小指弯动两下。

决定要买这个

这个

一手伸食指,指尖朝这一指。

买

双手横伸,掌心向上,右手背在左手掌心上拍一下,然后向里移表示买进。

决定

左手横伸;右手五指撮合,指尖朝下,砸向左手掌心上。

再来一个

这

一手伸食指,指尖朝这一指。

一个

一手食指直立,掌心向外。

Part 2 手语常见会话

单 词

上午

一手食指直立，然后边向上移动边张开食指、中指、无名指、小指。

下午

一手食指指尖朝下，其他四指先相捏，然后边向下移动边张开。

中午

一手食指、中指相叠，指尖朝上，手背向内置于头前，然后食指、中指张开。

傍晚

右手五指成 90 度角，掌心向左，置于眼前，然后拇指不动，其他四指向下移动成"]"形，表示天色由明转暗。

1小时

左手握拳，手背向上；右手伸食指，指尖朝下，在左手腕部顺时针转一圈。

每天

右手食指直立，在太阳穴处连续向外划动两下。

每周

左手食指横伸；右手拇指、食指、中指相捏，指尖碰两下左手食指尖上。

失业
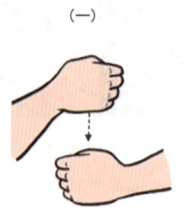
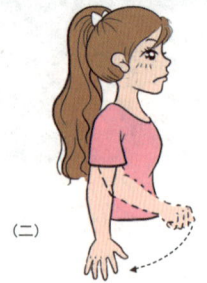
（一）双手握拳，一上一下，右拳向下砸一下左拳。
（二）一手虚握，边向下一甩边张开五指。

北京

右手伸食指、中指，指尖抵于左胸部，然后划至右胸部。

上海

双手握拳，小指一上一下相互勾住。表示

广州

双手平伸，掌心向上，在腰部两侧碰两下。

杭州

一手直立，五指微曲，掌心朝太阳穴处贴两下。

郑州

左手食指横伸；右手五指弯曲，套入左手食指指尖，然后前后转动两下。

深圳

左手横伸，掌心向下，左手食指指尖朝下，向左手食指、中指指缝间插两下。

西安

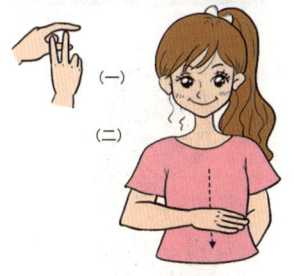

（一）左手拇指、食指成"匚"形；右手食指、中指直立分开，贴于左手拇指，仿"西"字部分字形。（二）一手横伸，掌心向下，自胸部向下一按。

沈阳

一手食指弯曲，朝一侧额头碰两下。

武汉

左手横伸；右手伸拇指、食指、小指，置于左手掌心上，表示武汉三镇。

Part 2　手语常见会话

南京

双手横伸，五指弯曲，指尖朝下，手腕向下转动一下。

合肥

左手横伸；右手五指成"]"形，指尖朝前，在左手背上左右移动两下。

俄罗斯

一手食指横伸，在下颏横向划动一下。
（此为国外聋人手语）

天安门

（一）一手食指直立，在头一侧上方转动一圈。

（二）一手横伸，掌心向下，自胸部向下一按。

（三）双手并排直立，掌心向外。

长城

双手食指、中指弯曲，从中间向两侧做曲线移动，仿长城的形状。

厦门

（一）

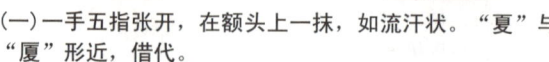

（二）

（一）一手五指张开，在额头上一抹，如流汗状。"夏"与"厦"形近，借代。
（二）双手并排直立，掌心向外，五指并拢。

欧洲

一手拇指贴于掌心,其他四指弯曲,表示欧洲的英文首字母"E"的指式,由左胸部向右腹部划两个圆弧形。

法国

一手拇指、食指相捏,其他三指直立,掌心朝胸前,然后翻转为掌心向外。

意大利

右手拇指、食指弯曲,指尖朝前,虎口朝上,由上而下做曲线移动,表示意大利国家的形状。

德国

右手食指直立,手背贴在前额正中。
(此为国外聋人手语)

英国

一手拇指、食指弯曲,置于颌部,表示英国军帽带有下颚带状。

纽约

左手平伸;右手手背向上,拇指、小指伸出贴于左掌心,前后移动两下。(此为美国手语)

巴黎

双手食指、中指分开,指尖朝上斜对,然后边向上移动边逐步靠近,仿埃菲尔铁塔形状。
(此为国外聋人手语)

日本

右手虚握,虎口朝上;放到嘴巴的上方,表示日本的方块小胡子。然后左手握拳,虎口朝上;右手平伸,掌心由上而下砸向左手虎口。

韩国

一手五指并拢成"コ"形,掌心向下,置于头部一侧,然后向下移至脸颊。
(此为国外聋人手语)

Part 2　手语常见会话

老人

（一）一手食指、中指、无名指、小指弯曲，指背贴于脸颊，由上而下移动，表示脸上的皱纹。
（二）双手手指搭成"人"字形。

爸爸

右手伸拇指，指尖左侧贴于嘴唇。

妈妈

右手伸食指，指尖左侧贴于嘴唇。

哥哥

一手先伸中指，指尖朝上，指腹贴于下颏，然后手直立，掌心贴于头的一侧，前后移动两下。

姐姐

一手中指直立，指腹贴于下颏，然后拇指、食指捏一下耳垂。

弟弟

一手伸小指，指尖朝上，指腹贴于下颏，然后手直立，掌心贴于头的一侧，前后移动两下。

妹妹

一手伸小指，指尖朝上，指腹贴于下颏，然后一手拇、食指捏一下耳垂。

儿子

（一）一手直立，掌心贴于头的一侧，前后移动两下。
（二）一手平伸，掌心向下，按动两下。

亲戚

微曲，指尖朝内，在下颏左右微动两下。也用于表示姓氏"戚"。

阿姨

（一）

（二）

（一）一手打手指字母"A"的指式。

（二）一手打手指字母"Y"的指式。

叔叔

一手打手指字母"SH"的指式，指尖朝内，在鼻下部左右划动两下。

姑父

（一）

（二）

（一）一手打手指字母"G"的指式，指尖抵于下颏一侧。

（二）右手伸拇指，指尖左侧贴于嘴唇。

姑母

（一）

（二）

（一）一手打手指字母"G"的指式，指尖抵于下颏一侧。

（二）右手食指直立，指尖左侧贴于嘴唇。

孩子

一手平伸，掌心向下，按动两下。

Part 2　手语常见会话

外甥

（一）

（二）

（一）左手横立，掌心向内；右手伸食指，在左手背外向下一指。
（二）左手五指微曲，手背向外，横于腹前；右手伸拇、小指，手背向下，从左手掌心内向下移出。"生"与"甥"音同形近，借代。

外甥女

（一）

（二）

（三）

（一）左手横立，掌心向内；右手伸食指，在左手背外向下一指。
（二）左手五指微曲，手背向外，横于腹前；右手伸拇、小指，手背向下，从左手掌心内向下移出。"生"与"甥"音同形近，借代。
（三）一手拇指、食指捏一下耳垂。

侄子

（一）

（二）

（一）一手打手指字母"ZH"的指式，置于下颏一侧。
（二）一手直立，掌心贴于头的一侧，前后移动几下。

侄女

（一）一手打手指字母"ZH"的指式，置于下颏一侧。
（二）一手拇指、食指捏一下耳垂。

宝贝

左手伸拇指，手背向外，右手轻摸两下左手背，头微侧，面露喜爱表情。

胖

双手拇指、食指成"⌐⌐"形，置于两颊处，然后同时向两侧移动。

瘦

一手张开夹住两颊，边向下移动并收拢五指。

丈夫

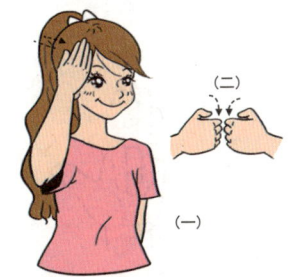

一手直立，在头的一侧前后移动两下，双手伸拇指，虎口朝上，指尖相对，弯动一下。

妻子

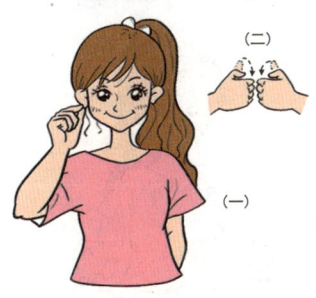

（一）一手拇指、食指捏一下耳垂。
（二）双手伸拇指，虎口朝上，指尖相对，弯动一下。

离婚

双手伸拇指，虎口朝上，指面相对，先弯动一下，再向两侧分开。

朋友

双手伸拇指，虎口朝上，互碰两下。

Part 2　手语常见会话

冷静

（一）一手食指、中指、无名指、小指弯曲，指背贴于脸颊。
（二）一手横伸，掌心向下，由胸部向下慢慢移动。

快乐

双手横伸，掌心向上，上下交替移动几下，面露笑容。

可爱

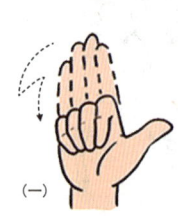

（一）一手直立，掌心向外，食指、中指、无名指、小指弯动一下。
（二）左手伸拇指；右手轻轻抚摸左手拇指指背，面露可爱表情。

戴眼镜

双手拇指、食指成半圆形，虎口朝内，置于眼部。

短发

一手五指并拢，指尖朝后，掌心向下，在耳际部前后划动一下，用于表示女式短发。

高大

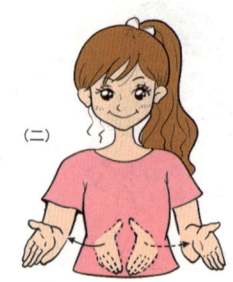

（一）一手横伸，掌心向下，自腰部向上移动。
（二）双手侧立，掌心相对，同时向两侧移动，幅度要大些。

矮小

一手横伸,掌心向下,往下一按, 一手拇指、小指指尖相捏,指尖朝上。

诚实

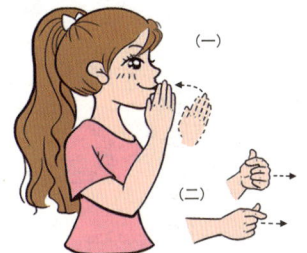

(一)右手直立,掌心向左,由外向内碰一下嘴部。(二)双手拇、食指搭成"十"字形,一上一下,同时向前移动一下。

英雄

(一)双手拇指、食指张开,置于腹部,然后向两侧拉开。
(二)右手虚握,手背向内,置于胸部中间,然后张开五指,象征佩戴的光荣花。

美丽

一手伸拇指、食指、中指,食指、中指并拢先置于鼻部,然后边向外移动边缩回。

美容院

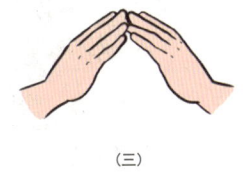

(一)一手伸拇指、食指、中指,食指、中指并拢先置于鼻部,然后边向外移动边缩回。
(二)双手贴于脸颊,做按摩动作。
(三)双手搭成"∧"形。

Part 2　手语常见会话

奶茶

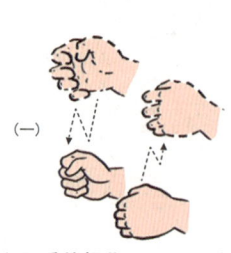

（一）双手伸拇指、小指，拇指尖抵于太阳穴，小指尖朝前。
（二）左手食指、中指、无名指、小指并拢，指尖朝右上方；右手五指向上捋一下左手四指。

果汁

（一）双手拇指、食指搭成圆形，表示果子。（二）一手横伸，掌心向下，向一侧做波纹状移动。

汽水

（一）左手五指虚握，虎口朝上；右手食指、中指张开置于左手上，然后向上一撬，仿起瓶盖的动作。
（二）一手食指指一下嘴唇。

绿茶

左手直立，掌心向内；右手五指捋一下左手，如捋绿色叶子状。

鸡尾酒

（一）一手手背贴于嘴部，拇指、食指先张开，再捏合，仿鸡的嘴。
（二）一手打手指字母"J"的指式，移向嘴部，如喝酒状。

可口可乐

一手打手指字母"K"的指式，沿嘴部转动一下，嘴微张。

迪士尼乐园

(一) (二) (三)

（一）双手拇指、食指张开，指尖朝下，置于头顶两侧，头左右晃动。
（二）双手横伸，掌心向上，在胸前上下交替移动，面露笑容。
（三）一手伸食指，指尖朝下划一大圈。

游乐园

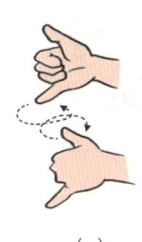  

(一) (二) (三)

（一）双手伸拇指、小指，顺时针平行转动一圈。
（二）双手横伸，掌心向上，在胸前上下交替移动，面露笑容。
（三）一手伸食指，指尖朝下划一大圈。

动物园

(一) (二)

（一）双手握拳屈肘，前后交替转动两下。
（二）一手食指指尖朝下划一大圆圈。

Part 2　手语常见会话

公司

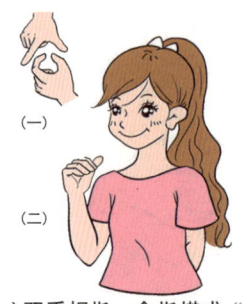

(一)双手拇指、食指搭成"公"字形，虎口朝外。
(二)一手打手指字母"S"的指式。

出差

(一)双手拇指、食指搭成"公"字形，虎口朝外。
(二)一手伸拇指、小指，指尖朝前，由内向外移动。

加班

(一)左手侧立；右手拇指、食指捏成圆形，贴向左手掌心。
(二)双手握拳，一上一下，右拳向下砸一下左拳。

听人

一手伸拇指，指尖从耳部划向嘴角，表示听觉和言语都正常。

聋人

一手伸食指，指尖从耳部划向嘴角。

富翁

双手五指分开，掌心向下，拇指尖抵于胸部，其他四指交替抖动两下。

贫穷

双手横伸，掌心向上，腕部交叉相搭，上下颠动两下。

理发

一手拇指、食指弯曲，指尖朝内，置于发际，然后向上移动两下，仿用电动推子理发动作。

滑雪

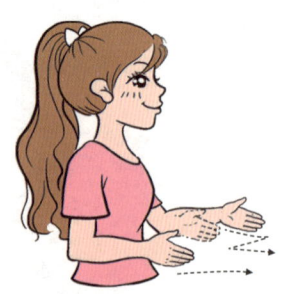

双手侧立，掌心相对，交替向前做曲线滑动，如滑雪动作。

冷静

(一)

(二)

(一)一手食指、中指、无名指、小指弯曲,指背贴于脸颊。
(二)一手横伸,掌心向下,由胸部向下慢慢移动。

谦虚

一手伸小指,指尖点两下胸部,同时含胸,面露谦虚表情。

信心

(一)

(二)

(一)左手五指成"冂"形,虎口朝上;右手五指并拢,指尖朝下,插入左手虎口中。
(二)双手拇指、食指张开仿"♥"形,手背向外,置于胸部。

刻苦

(一)

(二)

(一)一手握拳屈肘,向内弯动两下。
(二)一手拇、食指相捏,置于嘴边,互捻两下,面露痛苦表情。

得意

一手伸出拇指,在鼻前晃动两下,面露得意表情。

Part 2 手语常见会话

团结

双手五指并拢弯曲,相互勾住,顺时针平行转一圈。用于表示多者之间团结。

正常

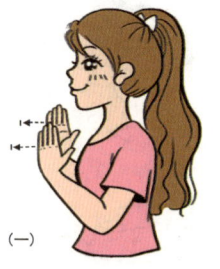
(一)

(二)

(一)双手直立,掌心相对,向前一顿。
(二)一手食指、中指并拢直立,掌心向外,向太阳穴处碰一下。

反常

(一) (二)

(一)一手平伸,由掌心向下翻转为掌心向上。
(二)一手食指、中指并拢直立,掌心向外,向太阳穴处碰几下。

活泼

一手食指直立,边转动手腕边向上升。

顽固

一手伸拇指、小指,拇指尖抵于太阳穴,小指尖朝前。

幼稚

(一)

(二)

(一)一手食指点一下前额。
(二)双手虚握,虎口朝上,同时平行转动几下,如转波浪鼓玩具状。表示幼儿天真幼稚。

调皮

（一）

（二）

（一）左手侧立；右手平伸，五指并拢，在左手旁上下扇动一下。
（二）左手握拳，手背向上；右手拇指、食指向上揪两下左手背皮肤。

腼腆

一手五指并拢，食指、中指、无名指、小指朝一侧脸颊弯动两下。

认真

双手直立，从头部两侧向前下方一切，眼睛同时向下看。

亲切

（一）

（二）

（一）一手直立，五指并拢，贴一下脸颊部。
（二）双手横立，左手在前不动，右手贴向左手。

慈祥

（一）

（二）

（一）一手伸食指，指尖朝内，绕脸部一圈。
（二）右手直立，掌心向右，小指外缘贴于胸部，先由上而下再由下而上移动，并伸出拇指，面带微笑。

保守

双手食指、中指并拢搭成"×"形，掌心向内，置于前额，然后同时向两侧斜下方移动，用于表示思想封闭守旧的意思。

Part 3 手语交际对话

自我介绍

谈论天气

趣味爱好

购买东西

谈论食物

餐厅点菜

生病就医

遇到麻烦

出外问路

交通乘车

自我介绍

你叫什么名字？

你

一手食指指向对方。

名字

左手中指、无名指、小指横伸；右手伸食指，自左手中指指尖向下划动。

什么

一手食指直立，掌心向外，左右晃动几下，面露疑问表情。

我的名字是毛毛

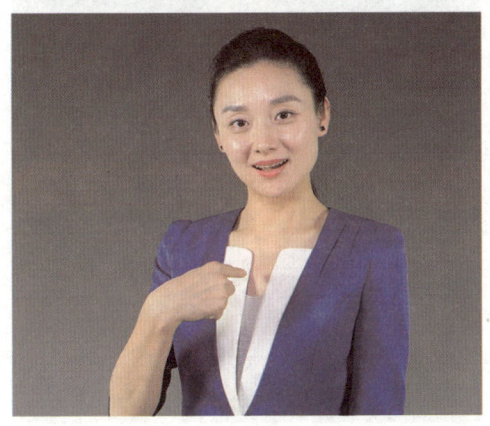

我

一手食指指一下自己。

名字

左手中指、无名指、小指横伸；右手伸食指，自左手中指指尖向下划动。

Part 3　手语交际对话

毛

左边中指、无名指、小指横伸；右手食指在左手三指上书空"乚"，仿"毛"字形。

请记住，谢谢

记住　　　　　　　　　　　　　　　谢谢

一手打手指字母"J"的指式，碰两下前额。　　一手伸拇指，向前弯动两下，面露微笑表情。

你几岁?

你
一手食指指向对方。

几岁
左手握拳,拳背朝外,右手直立,指尖朝上,掌心贴于左手背。

我18岁

我
一手食指指一下自己。

岁
左手握拳,拳背朝外,右手直立,指尖朝上,掌心贴于左手背。

18
一手伸食指直立,再伸出大拇指,表示出"1"与"8"的动作顺序。

她60岁

她
一手食指指向侧方第三者。

岁
左手握拳,拳背朝外,右手直立,指尖朝上,掌心贴于左手背。

60
右手握拳,手背向外;伸拇指、小指,指尖朝上,弯动两下,表示60岁。

Part 3 手语交际对话

你是哪里人？

哪里
一手食指直立，掌心向外，左右晃动几下，面露疑问表情。

来自
一手五指撮合，指尖朝上，然后向上伸出并张开五指。

杭州人

来自
一手五指撮合，指尖朝上，然后向上伸出并张开五指。

杭州
一手直立，五指微曲，掌心向太阳穴处贴两下。

你的生肖是什么？

动
双手握拳屈肘，前后交替转动几下。

物
双手食指指尖朝前，先互过碰一下，再分开并张开五指。

什么
一手食指直立，掌心向外，左右晃动几下，面露疑问表情。

单词

鼠

左手平伸,右手五指撮合成尖形,置于左手掌心上,向前做快速曲线运动,表示老鼠的灵活动作。

牛

一手伸拇指、小指,拇指尖抵于太阳穴,小指尖朝前。

虎

(一)左手中指、无名指、小指与右手食指搭成"王"字形,置于前额。
(二)双手五指弯曲,指尖朝下如兽爪,同时向前下方按动一下。

兔

双手食指、中指并拢直立,置于头两侧,向前晃动两下。

龙

双手拇指、食指相捏,从鼻向下向两侧外方拉出,象征龙的两条长须。

蛇

一手腕部置于嘴前,食指、中指分开,指尖朝前,交替点动两下,如蛇吐出的舌头。

马

一手食指、中指并拢直立,虎口贴于太阳穴,前后微动两下,仿马的耳朵。

羊

一手食指弯曲如钩,置于太阳穴处,仿羊头上弯曲的角。

猴

一手手腕翻转,掌心向下,五指并拢,置于头前,模仿孙悟空的动作。

鸡

一手手背贴于嘴部,拇指、食指先张开,再捏合,仿鸡的嘴。

狗

左手五指撮合成尖形,指尖朝前;右手食指、中指分开,指尖朝上置于左手背上,仿狗的头部外形。

猪

一手掌心向下,拇指尖抵于太阳穴,其他四指扇动两下,仿猪的大耳朵。

快/乐/学/手/语

自我介绍

Part 3　手语交际对话

你的生日是什么时候？

你
一手食指指向对方。

生日
左手五指微曲，手背向外，横于胸前；右手伸拇指、小指，手背向下，从左手掌心内向下移出。

多少
双手横立，一上一下，五指交替点动，上面的手代表月份，下面的手代表日期。

我是"80后"，9月25日

80
一手拇指、食指张开掌心向外，向前弯动两下。

后
右手伸小指，指尖朝下，往下面移动一下。

9
一手食指弯曲，指背向上，虎口朝内。

20
一手食指、中指直立分开，向前弯动两下。

5
一手五指直立分开，掌心向外。

快/乐/学/手/语

你的血型是什么？

自我介绍

血型

右手伸食指，指尖朝下，在左胳膊处上下划动几下。

A、B

拇指伸出，指尖向上，其余四指握拳。
一手直立，拇指贴于掌心，其他四指并拢，掌心向外。

什么

一手食指直立，掌心向外，左右晃动几下，面露疑问表情。

A、B、O型

A

拇指伸出，指尖向上，其余四指握拳。

B

一手直立，拇指贴于掌心，其他四指并拢，掌心向外。

O

食指、中指、无名指、小指四指并齐弯曲，拇指跟食指、中指相抵成空拳，虎口朝里，如O形。

103

Part 3　手语交际对话

你的工作是什么？

工作
双手握拳，一上一下，右拳向下砸一下左拳。

什么
一手食指直立，掌心向外，左右晃动几下，面露疑问表情。

小学教师

小学
一手拇指、小指指尖相捏，指尖朝上。双手斜伸，掌心向内，置于胸前，如读书状。

教
双手五指撮合，指尖相对，手背向外，在胸前前后晃动两下。

师
一手伸拇指，贴于胸前。

手语主持人

手语
双手直立，边前后移动边手指交替点动，表示聋人用手语交谈。

主持人
一手握拳，虎口朝上，置于胸前。

104

你家庭有几口人？

你
一手食指直立，掌心向外，左右晃动几下，面露疑问表情。

家人
双手搭成"∧"形。也用于表示姓氏"房"。
双手食指搭成"人"字形。

几
一手直立，五指分开，掌心向内，手指交替抖动几下。

我家有4口人

人
双手食指搭成"人"字形。

4
一手食指、中指、无名指、小指直立分开，掌心向外。

自我介绍

Part 3 手语交际对话

我父亲是公司老板

爸爸
一手伸拇指，指尖左侧贴在嘴唇上。

公司
双手拇指、食指搭成"公"字形，虎口向外。一手打手指字母"S"的指式。

老板
一手五指微曲，手背向上，在腹部向下做弧形移动，表示老板的肚子富态。

弟弟读初中二年级

弟弟
一手伸小指，指尖向上，指肚贴于下颏，然后手直立掌心贴于头的一侧，前后移动两下。

初中
一手打手指字母"CH"的指式，左手拇指、食指与右手食指搭成"中"字。

二
一手食指、中指横伸分开，手背向外。

我读大学三年级

我
一手食指指一下自己。

大
双手侧立，掌心相对，从中间向两侧移动。

三
一手中指、无名指、小指横伸分开，手背向外。

单　词

自我介绍

张

一手食指直立，在头的一侧由后向前挥动一下。

李

一手拇指、食指弯曲，指尖朝内，抵于下颏处。

王

左手中指、无名指、小指与右手食指搭成"王"字形。

刘

一手拇指、小指伸出，指尖朝前，左右晃动两下。

孙

一手打手指字母"S"的指式，拇指尖抵于前额。

林

双手拇指、食指张开成大圆形，虎口朝上，在不同位置向上移动两下。

董

一手打手指字母"D"的指式，贴于太阳穴处。

陈

一手拇指、食指张开微曲，指尖抵于一侧耳部上下缘，表示"陈"字是耳刀旁。

周

一手食指、中指横伸并拢，指腹摸一下眉毛。

Part 3 手语交际对话

傅

左手伸拇指、食指，食指指尖朝右；右手伸手指，敲一下左手食指尖。

黄

一手打手指字母"H"的指式，摸一下脸颊。

胡

一手拇指、食指捏成圆形，虎口贴于脸颊。

许

一手打手指字母"X"的指式，书空上声"∨"。

卢

一手打手指字母"L"的指式，手背贴于前额。

吴

一手五指捏成球形，手背向下，微晃两下。

杨

一手食指弯曲如钩置于太阳穴处，仿绵羊头上弯曲的角。

姜

一手五指交错弯曲，仿姜的外形。也用于表示姓氏"姜"。

叶

双手拇指、食指张开，指尖相对，边向两侧移动边捏合两指，如叶子状。也用于表示姓氏"叶"。

快/乐/学/手/语

自我介绍

孟

一手打手指字母"M"的指式，置于一侧鼻翼。

倪

左手拇指、食指成"亻"形；右手打手指字母"N"的指式，向前点动一下。

顾

一手拇指、食指张开，指尖抵于脖颈，由后向前移动一下。

孔

双手直立，掌心向内，左手五指握住右手食指、中指、无名指、小指。

吕

双手拇指、食指捏成圆形，一上一下，虎口朝内。也用于表示金属元素"铝"。

宋

左手伸大拇指直立，手背向外；右手五指弯曲，指尖朝下，在左手上向下移动一下。

新疆

双手上举，一上一下，置于身体一侧，拇指、中指互捻，手腕转动，仿新疆舞的动作。

西藏
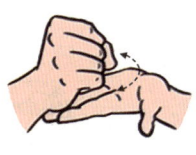 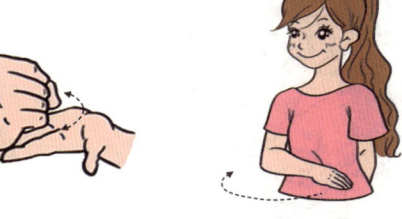
（一）左手平伸；右手侧立，五指弯曲，虎口朝上，在左手掌心上捏合两下，仿做糌粑的动作。
（二）右手平伸，掌心向下，由左向右移动一下。

109

Part 3 手语交际对话

青海

(一)

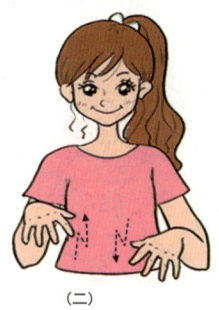
(二)

(一)一手横立,食指、中指、无名指、小指并拢,在下颌处摸一下。
(二)双手平伸,五指张开,上下交替浮动,如起伏的波浪。

河南

右手握拳屈肘,肘部向身体夹动两下。

内蒙古

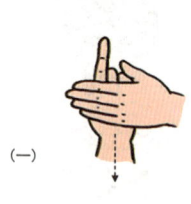
(一)

(二)

(一)左手横立,掌心向内;右手食指直立,由上而下移入左掌心内。
(二)右手拇指、食指、中指相捏,沿头顶部转一圈,然后在头右侧指尖朝下张开五指,仿蒙古族人以头巾缠头动作。

山东

一手拇指、食指相捏,手背向外,边向鼻部移动边伸出拇指、食指、小指。

江苏

(一)

(二)

双手食指、中指搭成"江"字形,右手中指前后微动两下,一手五指捏成圆球形,手背向下,微微晃动两下。

浙江

右手伸小指,指尖朝前,手腕向左转动一下,表示杭州湾。

110

广东

(一)双手平伸,掌心向上,在腰部两侧碰两下。
(二)一手伸食指,在嘴的两侧书写"八",仿"东"字部分字形。

广西

双手虚握,虎口左右相对,置于头部两侧,然后一手向前转动、一手向后同时转动手腕。

自我介绍

辽宁

双手伸拇指、食指;左手食指横伸,右手食指垂直于左手食指,然后向下移动两下。

福建

(一)一手五指张开,掌心贴于胸部转一圈。
(二)双手斜伸,手背向斜上方,边由两侧下方向中间移动边指尖搭成"∧"形。

湖南

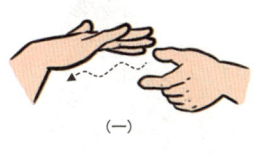

(一)双手拇指、食指弯曲,搭成一个大圆形;然后左手不动,右手横伸,掌心向下,边五指交替点动边转动。
(二)右手五指并拢,指尖朝下,掌心向左。

江西

左手握拳,虎口朝上,手背向外,表示江西省区划形状;右手横伸,手背向上,置于左手前,五指交替点动几下。

Part 3 手语交际对话

安徽

(一)

(二)

(一)一手横伸,掌心向下,自胸部向下一按。
(二)一手拇指、食指张开成半圆形,置于前额。

足球

左手拇指、食指捏成圆形;右手食指、中指叉开,交替弹向左手拇指,如踢足球状。

黑龙江

(一)

(二)

(三)

(一)一手打手指字母"H"的指式,并摸一下头发。
(二)双手拇指、食指相捏,从鼻下向两侧外方拉出,象征龙的两条长须。
(三)双手侧立,掌心相对,相距较宽,然后向前做曲线移动。

贵州

(一)

(二)

(一)右手食指、中指张开,指尖朝后,在脖子一侧前后移动一下。
(二)左手中指、无名指、小指分开,指尖朝下;右手食指横伸于左手三指间,仿"州"字形。

吉林

双手食指、中指、无名指、小指直立,掌心左右相对,交替向上移动两下。

云南

(一)一手五指成"]"形，虎口朝内，在头顶上平行转动一下。
(二)右手五指并拢，指尖朝下，掌心向左。

甘肃

一手食指直立，贴于嘴部并向上前方移动两下。

宁夏

(一)一手虚握，虎口朝上，先置于下颏再向前一翘。
(二)一手五指张开，在额头上一抹，如流汗状。

海南

左手拇指、食指张开成半圆形，虎口朝上；右手伸拇指、食指、中指，手背在上，在左手边捏动两下，表示海南岛与祖国相联。

香港

一手五指弯曲，指尖朝内，对着鼻部做两次开合动作。

澳门

一手五指张开，食指指尖抵于脸颊处，并钻动两下。

台湾

右手握拳，手背向上置于嘴前，然后手腕前后转动两下。

Part 3　手语交际对话

湖北

（一）

（二）

双手拇指、食指弯曲，搭成一个大圆形；然后左手不动，右手伸，掌心向下，边五指交替点动边转动，双手伸拇指、食指、中指，手腕相搭，手背向外。

四川

（一）一手食、中、无名、小指直立，掌心向外。
（二）一手中、无名、小指分开，指尖朝下，仿"川"字形。

山西

（一）
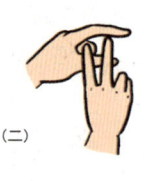
（二）

（一）一手拇、食、小指直立，手背向外，仿"山"字形。
（二）左手拇、食指成"匚"形；右手食、中指直立分开，贴于左手拇指，仿"西"字部分字形。

陕西

左手拇、食指张开，虎口朝上；右手伸拇、食、中指，食、中指指腹和指背在左手上前后划动一下。

河北

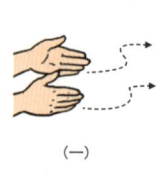
（一）

（二）

（一）双手侧立，掌心相对，相距窄些，向前做曲线移动。
（二）双手伸拇、食、中指，手腕相搭，手背向外，仿"北"字形。

快/乐/学/手/语

自我介绍

幼儿园

（一）一手平伸，掌心向下，边向下微微拍动边向一侧移动，象征有许多儿童。
（二）一手伸食指，指尖朝下转一圈。

小学

（一）一手拇指、小指指尖相捏，指尖朝上。
（二）双手斜伸，掌心向内，置于胸前，如读书状。

高中

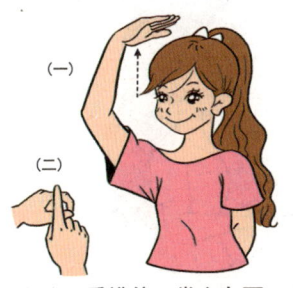

（一）一手横伸，掌心向下，向上移过头顶。
（二）左手拇指、食指与右手食指搭成"中"字形。

大学

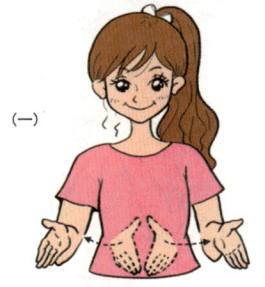

（一）双手侧立，掌心相对，同时向两侧移动，幅度要大些。
（二）双手斜伸，掌心向内，置于胸前，如读书状。

研究生

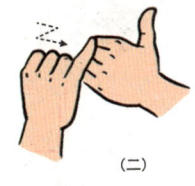

（一）左手横伸；右手伸拇指、食指、中指，食指、中指并拢，在左手掌心上转几下。
（二）左手伸拇指，手背向外；右手伸小指，小指外缘在左手食指、中指、无名指、小指背碰一下。

硕士

左手横伸，掌心向下，置于头顶；右手食指、中指直立，掌心向外，在左手下向下移动。

Part 3　手语交际对话

博士

左手横伸，掌心向下，置于头顶；右手中指、无名指、小指直立，掌心向外，在左手下向下移动。

同学

（一）

（二）

（一）一手食指、中指横伸并分开，手背向上，前后平行移动一下。
（二）双手斜伸，掌心向内，放于胸前，如读书状。

毕业

双手平伸，掌心向上，边由下而上移动边握拳。

退学

（一）

（二）

（一）双手斜伸，掌心向内，置于胸前，如读书状。
（二）左手平伸；右手伸拇指、小指，置于左手掌心上，然后向后移动。

校长

（一）

（二）

（三）

（一）双手斜伸，掌心向内，置于胸前，如读书状。
（二）双手搭成"∧"形。
（三）一手伸拇指、食指、中指，食指、中指直立，拇指尖抵于前额。

快/乐/学/手/语

学生

左手伸拇指,手背向外;右手伸小指,小指外缘在左手食指、中指、无名指、小指背碰两下。

合格

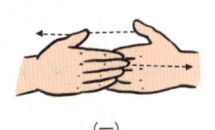
(一)

(二)

(一)双手横立,指尖相对,然后由两侧向中间移动至双手相叠。
(二)双手五指分开,一横一竖搭成方格形,然后左手不动,右手向下移。

自我介绍

医生

一手拇指、食指搭成"十"字形,置于前额。

司机

双手虚握,左右转动,如操纵方向盘状。

警察

一手五指撮合,手腕贴于前额,然后开合两下。表示警察的帽徽。

消防员

(一)

(二)

(三)

(一)双手五指张开,掌心向外,边交叉向下移动边并拢五指,右手掌压住左手背。
(二)双手五指微曲并张开,指尖朝上,上下交替移动几下,如火苗跳动状。
(三)右手拇指、食指相捏成圆形,虎口贴于左胸部。

117

Part 3　手语交际对话

演员

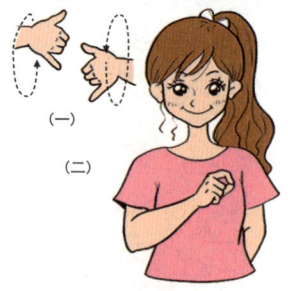

（一）双手伸拇指、小指，前后交替转动几下。
（二）右手拇指、食指捏成小圆形，贴于左胸部。

保安

（一）左手伸拇指；右手横立，五指微曲，置于左手前，然后双手同时向下一顿。
（二）一手横伸，掌心向下，自胸部向下一按。

厨师

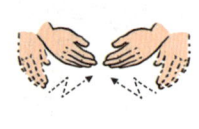

（一）双手五指微曲，掌心向上，上下翻动两下，仿炒菜动作。
（二）一手伸拇指，贴于胸部。

画家

（一）左手横伸；右手五指撮合，指背在左手掌心上抹一下。
（二）双手搭成"∧"形。

作家

（一）双手握拳，一上一下，右拳向下砸一下左拳。
（二）双手搭成"∧"形。

律师

（一）左手平伸；右手伸中、无名、小指，表示法字的"氵"旁，指尖在左手掌上点一下，手背向上。
（二）一手伸拇指，贴于胸部。

快/乐/学/手/语

工程师

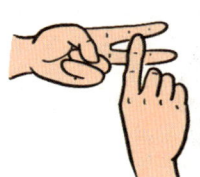
（一）

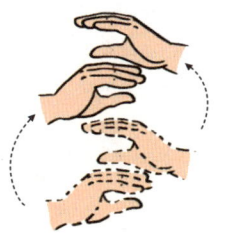
（二）

（三）

自我介绍

（一）左手食指、中指与右手食指搭成"工"字形。

（二）双手五指成"[ ]"形，虎口朝内，交替上叠。

（三）一手伸拇指，贴于胸部。

工人

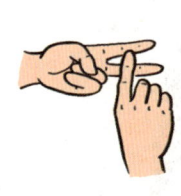
（一）

（二）

（一）左手食指、中指与右手食指搭成"工"字形。
（二）双手食指搭成"人"字形。

农民

（二）
（一）

（一）双手五指弯曲，掌心向下，一前一后，由前向后移动两下。
（二）左手食指与右手拇指、食指搭成"民"字的一部分。

模特

（一）

（二）

（一）左手伸拇指、小指，手背向外；右手食指横伸，绕左手前后转一圈。用于表示美术中的人体、肖像模特。
（二）双手直立，五指微曲，手背拱起，掌心相合，左右晃动两下。

119

Part 3 手语交际对话

记者

（一）

（二）

（一）一手打手指字母"J"的指式，碰一下前额。
（二）一手虚握，虎口朝上，向前一伸，如持话筒采访状。

明星

（一）

（二）

（一）一手中指、无名指、小指横伸，置于耳边。
（二）一手拇指、食指搭成"十"字形，在头上方边移动边晃动几下。

公务员

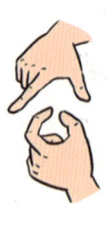
（一）

（二）

（三）

（一）双手拇指、食指搭成"公"字形，虎口朝外。
（二）右手掌拍一下左肩。
（三）右手拇指、食指捏成小圆形，虎口贴于左胸部。

服务员

（一）（二）

（一）右手五指并拢，在左上臂内侧由下而上划动两下。
（二）右手拇指、食指捏成圆形贴于左胸部。

市民

双手食指弯曲，指尖相对，边弯动边由中间向两侧移动，左手食指与右手手拇指、食指搭成"民"字的一部分。

导演

（一）（二）

（一）左手伸拇指；右手伸食指，指尖朝前，在左手拇指后左右移动两下。
（二）双手伸拇指、小指，前后交替转动几下。

保姆

左臂抬起，手背向外；右手伸拇指，指尖在左手肘部划两下。

师傅

（一）（二）

（一）左手伸拇指，手背向外；右手食指、中指弯曲，置于左手旁，表示徒弟拜师。
（二）一手伸拇指，贴于胸部。

绅士

一手五指成半圆形，手背向外，置于头上，然后向外移动少许，如摘礼帽状，同时身体微微前倾。

Part 3 手语交际对话

徒弟

(一)　(二)

（一）左手伸拇指，手背向外；右手食指、中指弯曲，在左手旁向下按动一下。
（二）左手伸拇指；右手伸小指，在左手食指、中指、无名指、小指背上点一下。

技师

(一)　(二)

（一）双手横伸，掌心向下，互拍手背一下，表示手艺、技术。
（二）一手伸拇指，贴于胸部。

群众

双手中指、无名指、小指搭成三个"人"字形，虎口朝上，顺时针转一圈。

兼职

(一)　(二)

（一）双手交替拍一下本侧肩膀。
（二）双手握拳，一上一下，右拳向下砸一下左拳。

厂长

右手食指书空"厂"字，一手伸拇指、食指、中指，食指、中指直立，拇指尖抵于前额。

专家

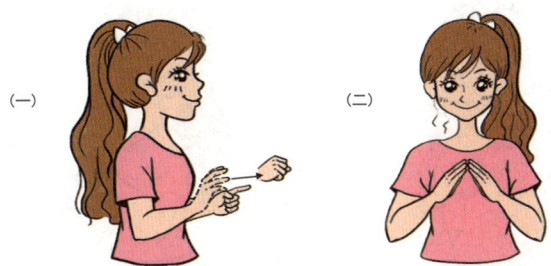

（一）左手伸食指，指尖朝前；右手五指张开，掌心向外，置于左手食指根部，然后边向前移动边握拳。
（二）双手搭成"∧"形。

领导

一手伸拇指、食指、中指，食指、中指直立，拇指尖抵于前额。

局长

（一）右手打手指字母"J"的指式，虎口贴于左胸部。
（二）一手伸拇指、食指、中指，食指、中指直立，拇指尖抵于前额。

功臣

左手拇指、食指捏成小圆形；右手五指并拢，指尖朝下抵于小圆形上端，置于左胸前，象征佩戴的奖章。

主任

（一）一手伸拇指，贴于胸部。
（二）右手五指成"]"形，按向左肩上。

干部

（一）左手食指、中指与右手食指搭成"干"字形。
（二）一手打手指字母"B"的指式。

Part 3 手语交际对话

书记

(一)

(二)

(一)双手侧立,掌心相贴,然后向两侧打开。
(二)一手打手指字母"J"的指式,碰一下前额。

榜样

左手伸拇指;右手侧立,指向左手拇指。

代表

(一)

(二)

(一)双手食指直立,手腕交叉相搭,然后前后转动,食指互换位置。
(二)右手拇指、食指张开,相距约 2 厘米,指尖朝内,从左胸部向下划一下。

会员

(一)

(二)

(一)双手直立,掌心分别向左右斜前方,食指、中指、无名指、小指弯曲一下。
(二)右手拇指、食指捏成小圆形,虎口贴于左胸部。

谈论天气

今天的天气好

今天

双手横伸,掌心向上,在腹前同时上下掂动两下。

天

右手食指横伸,指尖朝右,向左做弧形移动。

好

一手伸拇指,面露赞赏表情。

但是,好像在晚上下雨

但是

一手握拳,虎口朝上,然后食指、中指相叠,向前伸出。

晚上

右手五指成90°角,掌心向左,置于眼前,然后拇指不动,其他四指向下移动五指捏合。

Part 3　手语交际对话

雨
双手五指微曲，指尖朝下，上下移动几下，表示雨点落下。

好像
双手平伸，掌心向上，交替上下微动两下，面露疑问表情。

今天很冷啊

今天
双手横伸，掌心向上，在腹前同时上下掂动两下。

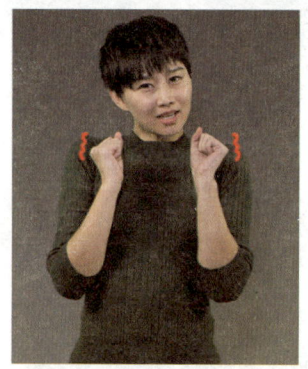

冷
双手握拳屈肘，小臂抖动几下，如哆嗦状。也用于表示姓氏"冷"。

希望春天早点来

希望
一手打手指字母"X"的指式先置于太阳穴处，然后向处移动。

春天
（1）左手握拳；右手食指在左拳食指关节处点一下。
（2）一手食指直立，在头一侧上方转动一圈。

来
一手伸拇指、小指，指尖朝前，由外向内移动。

快/乐/学/手/语

谈论天气

你喜欢哪个季节？

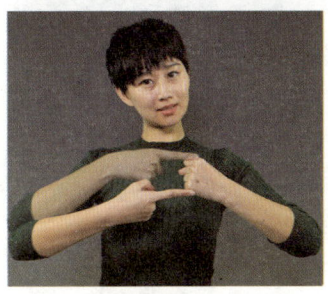

季节

左手握拳，手背向外；右手伸食指，自左拳四个骨节处由上而下各点一下。

喜欢

一手拇指、食指微曲，指尖朝下颏处点两下，同时头向下微点两下。

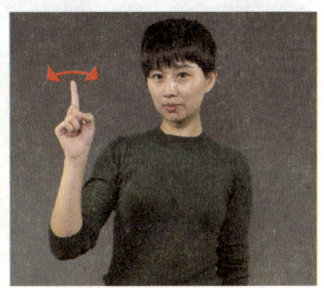

什么

一手食指直立，掌心向外，左右晃动几下，面露疑问表情。

我喜欢秋天

秋天

左手握拳，手背向上；右手食指点一下左手无名指根部骨节。

喜欢

一手拇指、食指微曲，指尖朝下颏处点两下，同时头向下微点两下。

我喜欢夏天

夏天

一手五指分开，自额头向面颊部一抹，如流汗状。

喜欢

一手拇指、食指微曲，指尖朝下颏处点两下，同时头向下微点两下。

Part 3　手语交际对话

单　词

晴朗

右手五指并拢，掌心向外，置于头前，边由左向右移动边伸出拇指，表示天气晴朗，同时头微抬。

多云

双手平伸，五指张开，掌心向下，在头顶上交替平行转动两下。

阴天
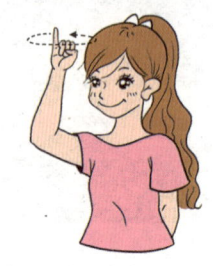
一手小指指尖朝上，在头前上方转一圈，表示阴天，同时头微抬。

雨

双手五指微曲，指尖朝下，在头前上下快速动两下，表示雨点落下。

雷

一手伸食指，指尖朝前在头前上方做"⚡"形划动，然后猛然张开五指，同时眨眼张嘴。

台风

双手平伸，五指张开，掌心向下，先在头顶上交替平行转动两下；然后双手直立，五指微曲，掌心相对，向一侧扇动两下。

风

双手（或一手）直立，五指微曲，掌心相对，向一侧扇动两下，表示刮风。

雪

双手平伸，掌心向下，五指分开，边交替点动边向斜下方缓缓下降，如雪花飘落状。

龙卷风

双手食指伸出，指尖上下相对，边转动边向一侧上方移动，嘴做吹气状，同时鼓嘴皱眉。

冷雹

 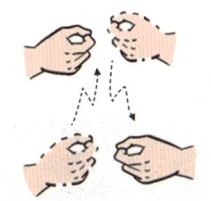

（一）双手五指成"[ ]"形，虎口朝内，左右微动两下，象征结冰。
（二）双手拇指、食指捏成圆形，上下交替动几次，动作要快，如冰雹落下。

空调

左手横立，五指分开；右手平伸，插入左手食指、中指指缝，五指交替抖动，同时嘴做吹风动作。

扇子

一手五指虚握，做扇扇子动作。

暖气

（一）双手横伸，五指微曲，掌心向上，自腹部向上移动。
（二）双手五指张开微曲，掌心向外，从上往下滑动。

电风扇

左手横伸；右手肘部抵于左手掌心上，五指微曲张开，指尖朝外，然后腕部旋转几下。

寒冷

双手握拳屈肘，小臂抖动几下，如哆嗦状。也用于表示姓氏"冷"。

酷热

一手五指分开，自额头向脸颊部一抹，如流汗状。

凉快

一手食指、中指、无名指、小指弯曲，指背贴于脸颊，面无表情。

谈论天气

Part 3　手语交际对话

手语常见会话

趣味爱好

你的爱好是什么？

爱

左手伸拇指；右手轻轻抚摸左手拇指指背，面露怜爱的表情。

好

一手伸拇指，面露赞赏表情。

什么

一手食指直立，掌心向外，左右晃动几下，面露疑问表情。

乒乓球

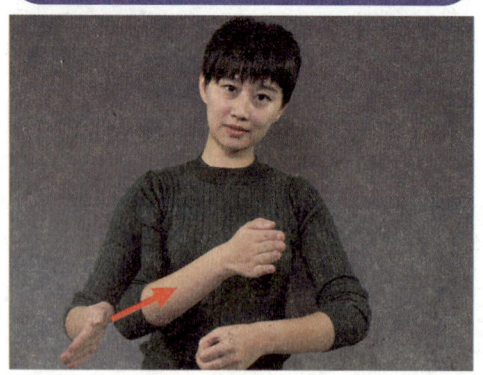

乒乓球

左手拇指、食指捏成圆形；右手横立，手背击打两下左手拇指，如打乒乓球状。

我也是

也是

一手食指、中指横伸并分开，手背向上，前后平行移动一下。

那么，下次一起玩吧？

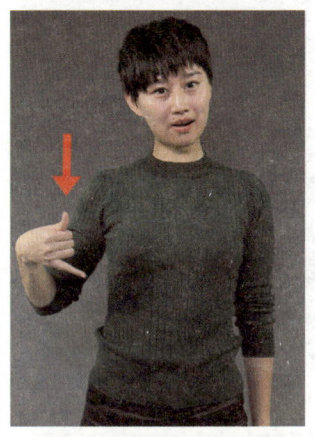

以后
右手伸小指，指尖朝下，往下面移动一下。

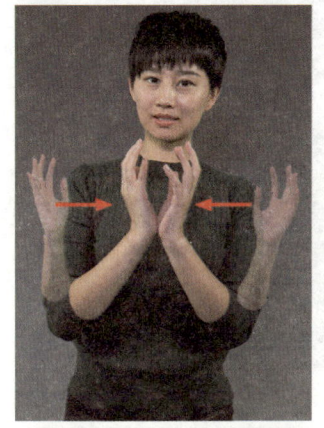

一起
双手直立，五指微曲，掌心相对从两侧向中间移动。

玩
双手伸拇指、小指，左右手分别顺时针交替带动一圈。

可以
一手直立，掌心向外，食指、中指、无名指、小指弯动两下。

好 / OK

好
一手伸拇指，面露赞赏表情。

OK
一手伸出中指、无名指、小指，拇指、食指捏成圆形。

Part 3　手语交际对话

看电影

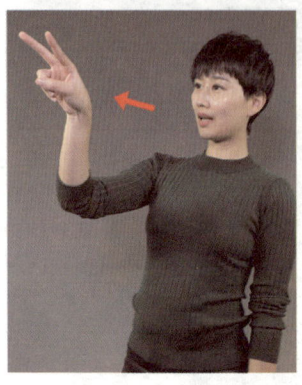

看
一手食指、中指分开指尖朝前，从眼部向前一指。

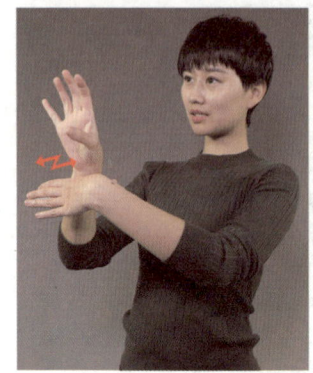

电影
左手五指成半圆形，虎口朝上；右手五指撮合，指尖朝前，手腕边碰两下左手虎口边张开五指。

你喜欢什么电影节目？

电影
左手五指成半圆形，虎口朝上；右手五指撮合，指尖朝前，手腕边碰两下左手虎口边张开五指。

内容
左手横立微曲；右手食指直立，指尖朝下，在左手掌心内由圆圈移动一下。

喜欢
一手拇指、食指微曲，指尖朝下颏处点两下，同时头向下微点两下。

什么
一手食指直立，掌心向外，左右晃动几下，面露疑问表情。

我喜欢科幻

科
双手打手指字母"K"的指式前后交替转动。

幻
双手伸拇指、小指,从两侧太阳穴同时向斜上方旋转移动。

喜欢
一手拇指、食指微曲指尖朝下颏处点两下,同时头向下微点两下。

因为有字幕,我很高兴

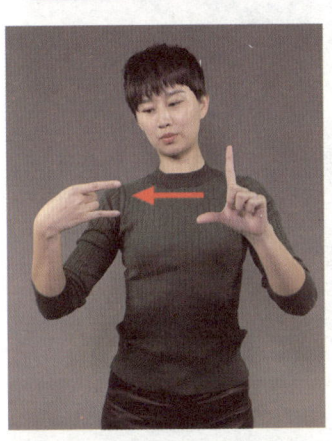

字幕
左手伸拇指、食指,手背向外,食指指尖朝右;右手打手指字母"Z"的指式,在左手下由左向右移动一下。

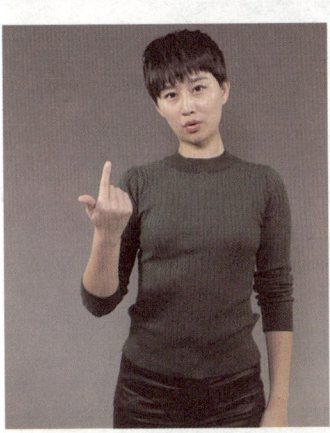

有
一手伸拇指、食指,手背向下,拇指不动,食指向内弯动两下。

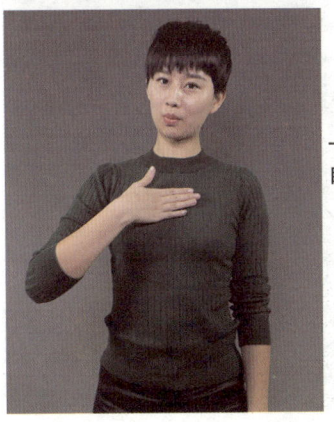

我
一手食指指一下自己。

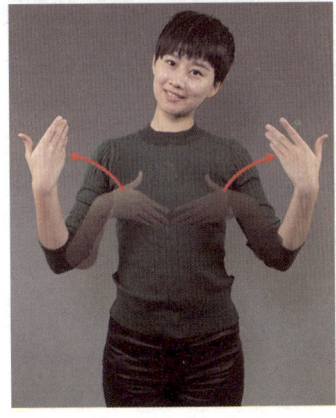

高兴
双手横伸,掌心向上,左胸前同时上下晃动两下,面露笑容。

我在学游泳啊

游泳
双手微曲，两臂同时向前伸出，仿蛙泳划动动作。

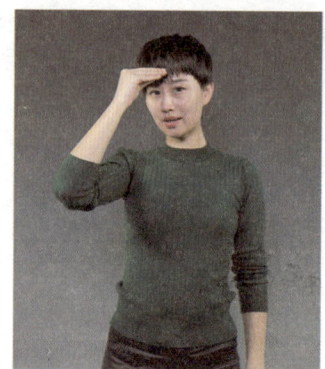

学
一手五指撮合指尖朝内，指尖按于前额。

技术进步了吗？

技术
双手横伸，互拍手背一下，表示手艺、技术之意。

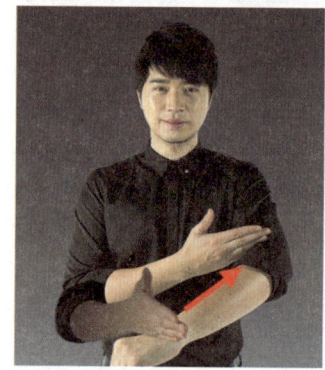

进步
左手平伸，掌心向上；右手横立于左手腕部，然后向左上臂移动。

我还是学不会呀

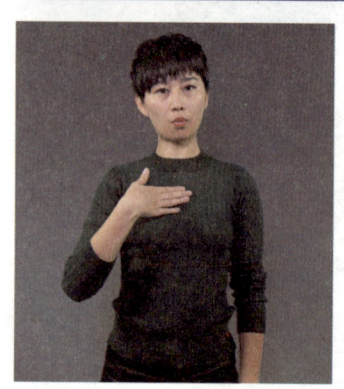

我
一手食指指一下自己。

学不会
右手直立，掌心向左，拇指沿边在右脸边刮两下，面带苦恼表情。

单 词

趣味爱好

潜水

左手横伸,手背向上,五指交替点动;右手伸食指、中指分开,指尖朝上,在左手下交替向下移动。

音乐

双手伸食指,在面前做指挥奏乐的动作。

阅读

双手斜伸,掌心向内,置于胸前,如阅读状。

旅游

左手握拳;右手伸拇指、小指,在左手背上随意点几下,象征到世界各地旅游。

陶瓷

左手食指直立;右手食指、双手五指成半圆形,虎口朝上,指背交替弹左手食指。

针织

双手食指交错相搭,交替移动,仿织毛线动作。

钢琴

双手五指边交替灵活按动,边左右移动,如弹钢琴状。

吉他

双手五指弯曲,手背向外,左手在上,右手在下,右手手指拨动几下,仿弹琵琶动作。

舞蹈

左手横伸,手背向上;右手直立,掌心向左,双手五指张开,同时扭动两下手腕,模仿舞蹈动作。

Part 3　手语交际对话

篮球

左手直立，五指微曲，掌心向右，置于头部前上方；右手五指分开，掌心向前，置于左手旁，然后手腕向前弯动一下。

烹饪

左手虚握，虎口朝前，如握锅把；右手五指并拢，指尖朝下，双手同时向后转动两下，仿掂勺动作。

骄傲

双手伸拇指，指尖朝上，在胸前上下交替动几下，面露自豪表情。用于表示自豪的褒义意思。

卡拉OK

一手握拳，虎口对着嘴部，头左右微晃，口张开，模仿唱歌的样子。

游戏

双手伸拇指、小指，手腕相搭，交替晃动几下。

体操

（一）一手掌心贴于胸部，向下移动一下。
（二）双手握拳，向前伸出，再收回，如做体操状。

跑步

双手握拳屈肘，前后交替移动两下，如跑步状。

象棋

 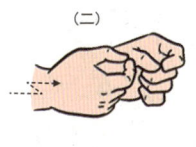

(一)一手食指指尖朝下,手背贴于嘴部,然后向下移动。
(二)双手拇指、食指成圆形,虎口朝上,左手在前不动,右手食指向前碰两下左手拇指。

恋爱

双手拇指、食指张开仿"♥"形,虎口朝上,平行转动一下。

收音机

(一)一手食指直立,在耳边左右动几下。
(二)双手拇指、食指、中指虚捏,指尖朝前,左右拧动,如调节旋钮状。

拍摄

左手握拳,虎口朝上,右手伸拇指、食指、中指,食指、中指并拢,指尖朝前,置于左手上面,双手由一侧向另一侧移动一下。

新闻

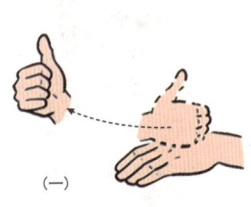 

(一)左手横伸,掌心向下;右手伸拇指,从左手背上由左向右划出。
(二)左手五指撮合,指尖抵于左耳部;右手五指张开,掌心向外,然后左手向左移动并张开五指,掌心向外,同时右手向右耳移动并撮合五指,指尖抵于右耳部,双手重复一次。

电视

左手伸拇指、食指,手背向外,食指指尖朝右;右手横立,五指分开,在左手食指上上下晃动两下。

Part 3　手语交际对话

麻将

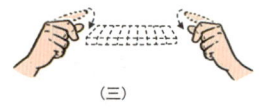

（一）双手平伸，五指张开，交替平行转动两下，仿洗麻将牌动作。

（二）双手拇指、食指张开，指尖相对，从中间向两侧拉开。

（三）双手食指向下弯动，拇指翻转向上。

书法

右手如执毛笔写字状。

报纸

双手侧立，掌心相贴，然后向两侧打开，动作幅度大些，如打开报纸状。

围棋

一手食指、中指相叠，指尖朝下一点，模仿下围棋的样子。

运动

（一）双手握拳屈肘，虎口朝内，手背向上，前后用力移动两下。
（二）双手握拳屈肘，前后交替转动两下。

扑克

左手五指撮合，指尖朝右不动；右手拇指、食指、中指相捏，然后向下一甩，模仿打扑克牌动作。

快/乐/学/手/语

漫画

(一)
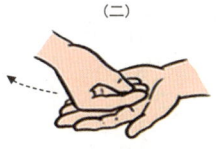(二)

(一)左手侧立；右手平伸，掌心向下，在左手旁向下扇动两下。
(二)左手横伸；右手五指撮合，指背在左手掌心上抹一下。

提琴

左手五指微曲，手背向下；右手五指撮合，如拉小提琴动作。

趣味爱好

魔术

(一)
(二)

(一)双手伸拇指、食指、小指，指尖朝前，前后交替转动两下。
(二)双手横伸，掌心向下，互拍手背。

杂技

双手伸拇指、小指，拇指尖上下相抵，然后交替互换位置。

艺术

(一)
(二)

(一)一手打手指字母"Y"的指式。
(二)双手横伸，互拍手背一下，表示手艺、技术的意思。

戏剧

双手手臂侧伸，拇指、中指指节靠近，其他三指指尖翘起，一高一低，一左一右，转动一小圈，仿京剧女角动作。

Part 3　手语交际对话

羽毛球

右手虚握，向前挥动一下，如打羽毛球动作。

夏令营

（一）

（二）

（一）一手五指分开，自额头向脸颊部一抹，如流汗状。
（二）双手拇指、食指、小指伸出，食指尖斜向相搭，手背向上，然后向两侧下方移动。

油画

（一）

（二）

（一）一手拇指、食指搭成"十"字形，置于鼻侧，微转两下。
（二）左手横伸；右手五指撮合，指背在左手掌心上抹一下。

诗歌

一手食指、中指、无名指、小指弯曲，指尖朝前，由上而下点动几下，表示一行行的诗句。

文学

（一）

（二）

（一）右手五指撮合，指尖朝前，撇动一下，如执毛笔写字状。
（二）一手五指撮合，指尖朝内，抵于额头。

铅球

左手向前抬起，身体后仰；右手五指弯曲，如托铅球，然后从肩部向前推出，左手同时自然向后摆动，如推铅球状。

购买东西

衣服的专卖店在哪里？

衣服

一手拇指、食指揪两下胸前衣服。

专卖店

双手横伸，掌心向上，右手背在左手掌心拍一下，然后向外移，表示卖。

在

左手横伸；右手伸拇指、小指，由上而下移至左手掌心上。

四楼/六楼

哪里

一手食指直立，掌心向外，左右晃动几下，面露疑问表情。

四楼

左手握拳；右手食指、中指、无名指、小指横伸分开，在左握拳上砸一下。

六楼

左手握拳；右手拇指、小指横伸分开，在左握拳上砸一下。

Part 3 手语交际对话

我可以试一下吗？

衣服
一手拇指、食指揪两下胸前衣服。

试
一手伸拇指、小指，指尖朝上，置于鼻侧，交替弯动两下。

穿
双手五指相捏，指尖朝内，模仿穿衣动作。

可以

可以
一手直立，掌心向外，食指、中指、无名指、小指弯动两下（要面带疑问的表情）。

可以
一手直立，掌心向外，食指、中指、无名指、小指弯动两下。（要点点头，表示肯定的语气）

衣服小，有大一点的吗？

小
一手拇指、食指指尖相捏，指尖朝上，微微晃动一下。

大
双手侧立，掌心相对，同时向两侧移动，幅度要大些。

有
一手伸拇指、食指，手背向下，拇指不动，然后食指向内弯动两下。

小 / 大 / 松

小
一手拇指、小指指尖相捏，指尖朝上，微微晃动两下。

大
双手侧立，掌心相对，同时向两侧移动，幅度要大些。

松
双手五指成圆形，虎口朝上，然后从中间向两侧微移。

这鞋太紧 / 这鞋太松

鞋
左手横伸，右手向前下方斜伸，食指、中指指尖朝前并拢，拇指指尖朝下，置于手掌心上，表示鞋子状。

鞋紧
左手五指成"∪"形，指尖横伸朝前；右手五指并拢，掌心朝上，插入左手虎口内朝内紧按着。

鞋松
左手五指成"∪"形，指尖横伸朝前；右手五指并拢，掌心朝上，插入左手虎口内朝外稍微松开。

购买东西

Part 3　手语交际对话

这件衣服多少钱？

衣服

一手拇指、食指揪两下胸前衣服。

钱

左手拇指、食指捏成圆形，虎口朝上；右手伸食指，敲一下左手拇指。

多少

一手直立，五指分开，掌心向内，手指交替抖动几下。

八折 / 500元

八

一手拇指、食指张开，拇指指尖朝上，食指指尖朝左，手背向外。

折

双手拇指、食指相捏，虎口左右相对，向上一掰。

500

一手五指直立分开，掌心向外，由左向右挥动一下。

刷卡可以吗？/ 用支付宝行吗？

购买东西

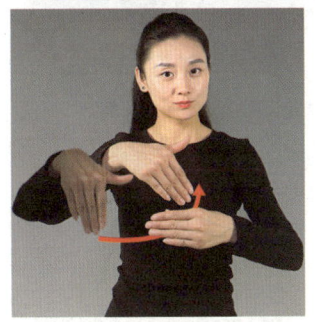

刷

左手五指成"匚"形，虎口朝上；右手五指撮合，指尖朝下，在左手虎口内由右向左划动一下，仿刷卡动作。

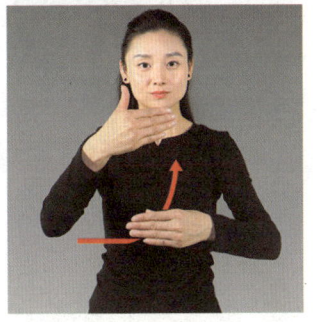

卡

左手五指成"匚"形；右手五指并拢，指尖朝下，从左手虎口内抽出，表示刷出的卡片状。

可以

一手直立，掌心向外，食指、中指、无名指、小指弯动两下。

支

一手打手指字母"ZH"的指式。

付

一手拇指、食指捏成圆形，虎口朝上，从腰间向前移出。

可以

一手直立，掌心向外，食指、中指、无名指、小指弯动两下。

不行，要现金

不行

一手直立，掌心向外，左右摆动两下，面露否定表情。

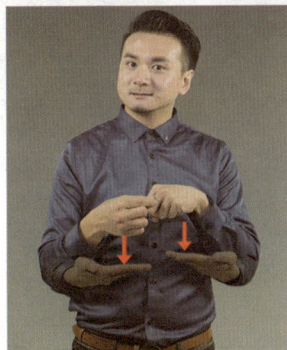

现金

（一）双手横伸，掌心向上，上下颠动两下。
（二）左手握拳，手背向上；右手拇指、食指相捏，指尖朝下，置于左手无名指根部。

Part 3　手语交际对话

手语常见会话

谈论食物

你喜欢吃什么食物？

喜欢

一手拇指、食指微曲，指尖朝下额处点两下，同时头向下微点两下。

吃

一手伸食指、中指，由外向嘴边拨动，模仿用筷子吃饭状。

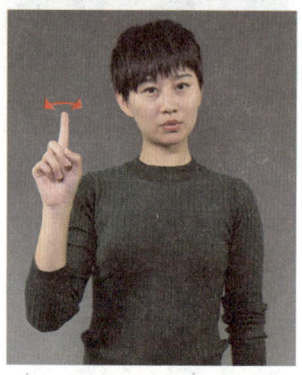

什么

一手食指直立，掌心向外，左右晃动几下，面露疑问表情。

寿司 / 汉堡 / 饺子

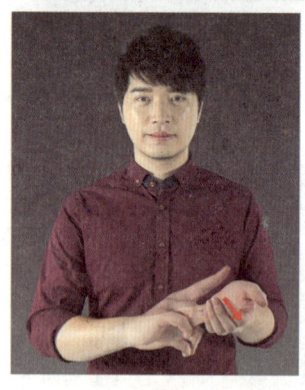

寿司

右手食指、中指并列在左手掌心中一抹，如抹上肉馅，左手随即握拳，仿包寿司动作。

汉堡

双手横伸，五指微曲，掌心上下相对。

饺子

双手拇指、食指相捏，左手在下不动；右手在上，边捏边移动，仿包饺子动作。

快/乐/学/手/语

我喜欢吃四川菜

谈论食物

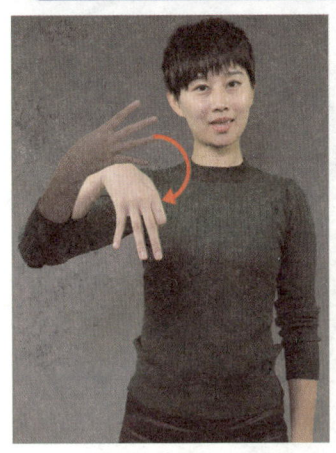 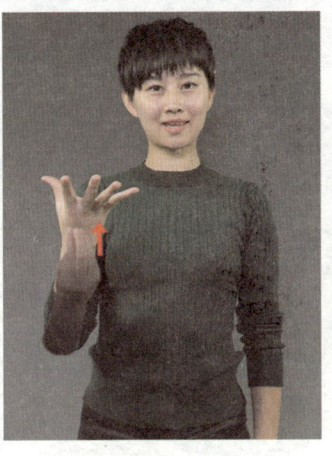 

四川
一手食指、中指、无名指、小指直立，手背向内。
一手中指、无名指、小指分开，指尖朝下，仿"川"字形。

菜
一手五指撮合，指尖朝上，然后向上伸出并张开五指。

喜欢
一手拇指、食指微曲指尖朝下颏处点两下，同时头向下微点两下。

火锅

左图打法是聋人手语，是他们之间交际中自然的语言。其实，中国手语也有方言的差异，主要分为南方手语（以上海为代表）和北方手语（以北京为代表）两大派，而每一派内部不同地区又各有特色。

因此"火锅"的手势存在南北差异，请欣赏如下：

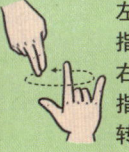 左手拇指、食指、小指直立，手背向外；右手食指、中指相叠，指尖朝下，在左手上转动两下。

 左手拇指、食指成半圆形，虎口朝上；右手食指、中指相叠，指尖朝下，在左手上转动两下。

北方手语　　　　　　南方手语

147

Part 3　手语交际对话

手语常见会话

餐厅点菜

你有多少人？

五位

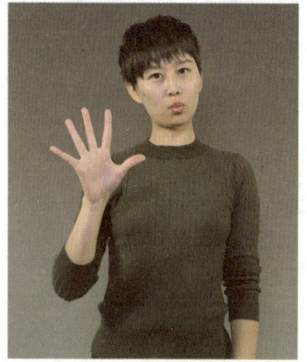

5
一手五指直立分开，掌心向外。

共五人

人
双手食指搭成"人"字形。

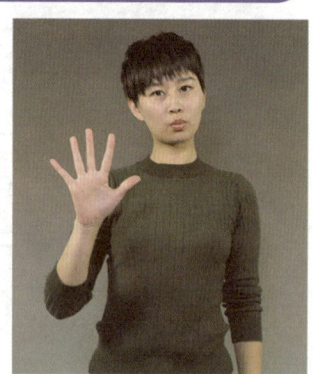

5
一手五指直立分开，掌心向外。

你有没有订好包厢？

餐厅点菜

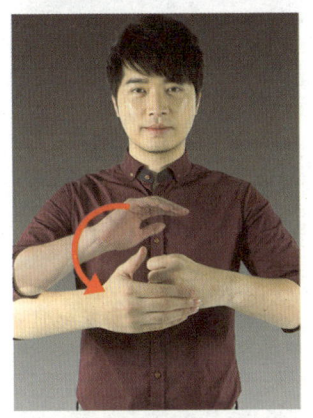

包
左手握拳；右手掌由后向前绕左拳转半圈。

厢
双手搭成"∧"形。

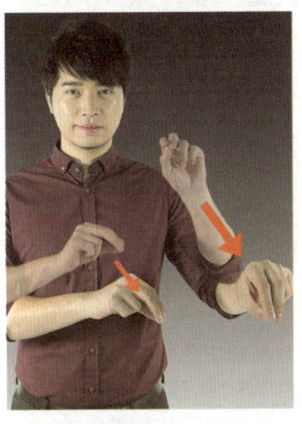

订
双手五指撮合，一前一后，指尖朝下按。

有
一手伸拇指、食指，手背向下，拇指不动，然后食指向内弯动两下。

有，订完

有
一手伸拇指、食指，手背向下，拇指不动，然后食指向内弯动两下。

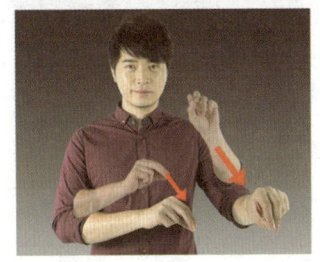

订
双手五指撮合，一前一后，指尖朝下按。

完
双手直立，掌心向内，然后向下一甩，同时张开五指。

我想看看菜单

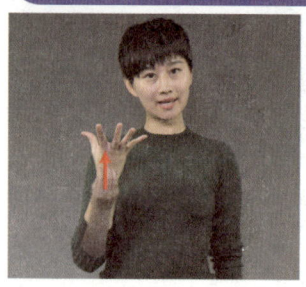
菜
一手五指撮合,指尖朝上,然后向上伸出并张开五指。

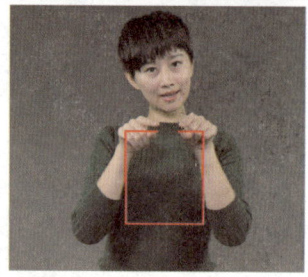
单
双手伸食指,指尖朝前,书空"口"形。

看
一手食指、中指分开指尖朝前,从眼部向前一指。

请推荐什么菜?

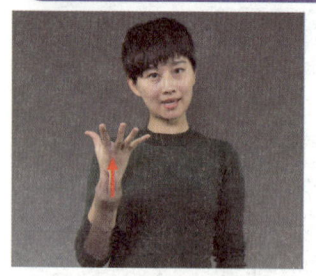
菜
一手五指撮合,指尖朝上,然后向上伸出并张开五指。

推荐
左手伸拇指;右手直立,指尖向前,推一下左手。

什么
一手食指直立,掌心向外,左右晃动几下,面露疑问表情。

推荐酸菜鱼,真好吃!

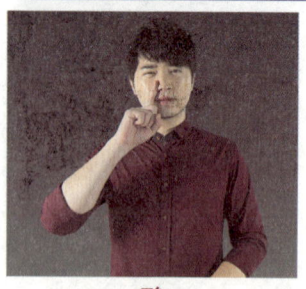
酸
一手食指直立,在一侧鼻翼向上移动一下,同时耸鼻。

菜
一手五指撮合,指尖朝上,然后向上伸出并张开五指。

鱼
一手横立,手背向外,向一侧做曲线移动,如鱼游动状。

快/乐/学/手/语

餐厅点菜

推荐

左手伸拇指;右手直立,指尖向前,推一下左手。

吃

一手伸拇指、食指,食指指一下嘴唇,然后向前伸出大拇指。

好

一手伸拇指,面露赞赏表情。

我来请客

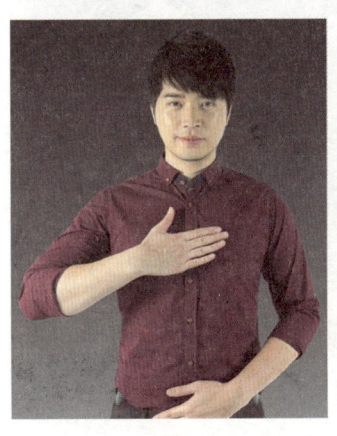

我

一手食指指一下自己。

请

双手平伸,掌心向上,同时向一侧移动一下。

客

食指直立,拇指、中指相搭,拇指按在中指第二节骨节上,其他二指弯曲,虎口朝内。

Part 3　手语交际对话

单　词

商店

（一）双手横伸，掌心向上，在胸前前后交替转动。
（二）双手搭成"∧"形。

笔

左手横伸；如执笔写字状。

超市

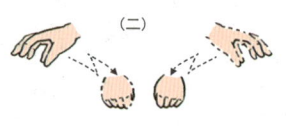

（一）双手虚握，虎口左右相对，手背向上，向前移动一下，如推购物车动作。
（二）双手五指张开，掌心向下，边交替由外向内移动边虚握，如往购物车里放选购的商品。

椅子

左手直立，掌心向右；右手食指、中指、无名指、小指弯曲与左手掌成直角，指尖抵住左掌心，仿椅子形状。

玩具

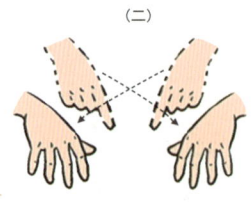

（一）双手伸拇指、小指，顺时针平行转动一圈。
（二）双手食指指尖朝前，先互碰一下，再分开并张开五指。

蔬菜

一手五指撮合，指尖朝上，边向上微移边张开五指。

鸡肉

 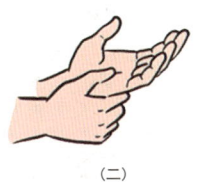

（一） （二）

（一）一手拇指、食指相捏，手背贴于嘴部，指尖开合一下，仿鸡的嘴。
（二）右手拇指、食指捏左手的小鱼际部位。

裙子

双手拇指、食指张开，虎口朝上，置于腰间，然后向斜下方移动，仿裙子的式样。

洗衣机

 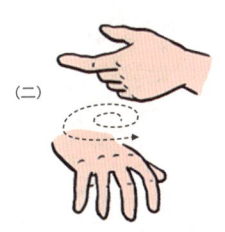 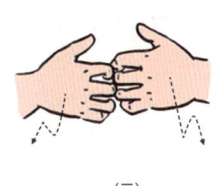

（一） （二） （三）

（一）一手拇指、食指揪一下胸前衣服。
（二）左手拇指、食指成半圆形，虎口朝上 右手五指张开，掌心向下，在左手下转动几下。表示洗衣机滚筒在转动。
（三）双手五指弯曲，食指、中指、无名指、小指关节交错相触，向下转动一下。

楼梯

 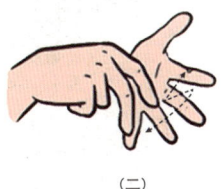

（一） （二）

（一）双手横立，手背向外，五指张开，左手在下不动，右手向上移动。
（二）左手斜伸，掌心向内，五指张开；右手食指、中指 张开，指尖朝下，由左手小指交替向上移动，如登楼梯状。

裤子

双手拇指、食指相捏，在腿部向上提，如穿裤子状。

Part 3　手语交际对话

背包

双手五指弯曲，指尖朝内，从两侧肩部向下移动一下。仿双肩背书包状。

茄克衫

左手拇指、食指在下捏住衣角；右手拇指、食指相捏，自衣角处向上移动，模仿拉拉链动作。

领带

双手拇指、食指张开，指尖朝内，左手置于领口部，右手边向下移动边捏合，仿领带式样。

西装

双手伸拇指，指尖朝上，在胸前交替上下移动两下，如穿衣服的动作。

衬衫

双手拇指、食指张开，指尖朝内，置于领部，边向前移动边捏合两指，表示衬衣的领子。

T恤

(一)双手食指搭成"T"形。
(二)右手横伸，掌心向上，在左上臂上划一下，表示短袖。(可根据实际表示T恤的样式)

袜子

左手伸拇指、小指；右手拇指、食指先捏住左手小指指尖，再向里移动，如穿袜子状。

毛衣
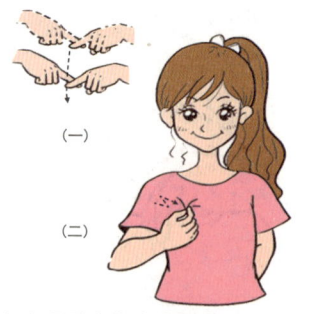
(一)双手食指交错相搭，交替移动，仿织毛线动作。
(二)一手拇指、食指揪一下胸前衣服。

化妆

双手五指撮合，在两颊部做擦粉动作。

相机

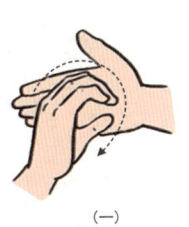
（一）

（二）

（一）左手横立，手背向外；右手五指成半圆形，虎口贴于左手背，左右转动两下。
（二）双手拇指、食指张开，虎口朝内，如持照相机置于眼前，然后右手食指向下一按，如按快门动作。

AA制

右手食指、中指分开，指尖朝下，形状似A字，并顺时针转一圈。

餐厅点菜

咖喱饭

（一）

（二）

一手五指弯曲，指尖朝内，先置于嘴前，向外交替点动几下，然后一手拇指、小指相捏，在嘴角外点动一下。

馒头

左手平伸；右手五指微曲，指尖朝下，在左手掌心上扣两下，仿圆馒头的形状。

比萨

（一）左手握拳，手背向上；右手拇指、食指捏住左手腕骨，前后微转两下。
（二）双手食指横伸，指尖相对，同时向下一甩，用于表示折断。

汉堡包

（一）双手横伸，五指微曲，掌心上下相对。
（二）双手成"［］"形，指尖相对，虎口朝内，捏动几下。

米饭

一手拇指、食指微张，在嘴角处前后微动两下。也用于表示姓氏"米"。

Part 3　手语交际对话

牛排

（一）一手伸拇指、小指，拇指尖抵于太阳穴，小指尖朝前，表示牛角状。
（二）左手横伸，手背向上；右手伸食指、中指并拢，指尖朝前，在左手背前后划一下，如用餐刀状。

面条

左手拇指、食指成半圆形，虎口朝上；如用筷子夹面条状。

糖

一手食指点一下鼓起的腮部。

油条

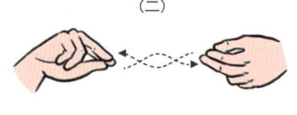

（一）一手拇指、食指搭成"十"字形，置于鼻侧，微转两下。
（二）双手拇指、食指、中指相捏，指尖相对，边向两侧拉开边扭转。

电梯

（一）一手食指书空"↘"形。
（二）左手横伸；右手伸拇指、小指，小指尖抵于左手掌心上，上下移动几次，如乘电梯状。

方便面

（一）一手拇指、食指相捏，掌心向上，上下微动两下。
（二）左手拇指、食指成半圆形，虎口朝上；如用筷子夹面条状。

156

酱油

(一)

(二)

(一)一手打手指字母"H"的指式,并摸一下头发。
(二)一手拇指、食指搭成"十"字形,置于鼻侧,微转两下。

盐

(一)

(二)

(一)一手打手指字母"X"指式,放在嘴前上下微动。
(二)一手拇指、食指、中指指尖朝下互捻。

醋

一手食指直立,在一侧鼻翼向上移动一下,同时耸鼻。

馄饨

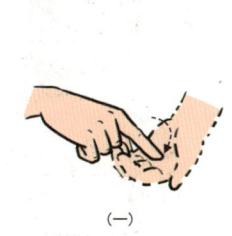
(一)

(二)

右手食指在左手掌心中一抹,如抹上肉馅,左手随即握拳,仿包馄饨动作。

筷子

一手食指、中指张开,指尖朝下,边由下而上向嘴部移动边夹动一下,表示筷子。

Part 3　手语交际对话

银行

双手拇指、食指成圆形,指尖稍分开,虎口朝上,食指上下交替碰两下。

桌子

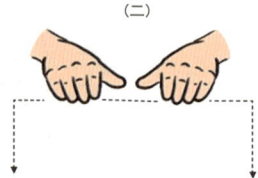

(一)双手横伸,手臂相搭,挺胸抬头端坐。
(二)双手平伸,掌心向下,从中间向两侧平移,再折而下移,成"冂"形,如桌子状。

牛肉

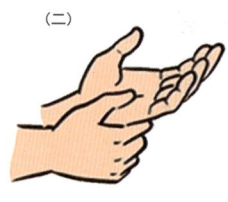

(一)一手伸拇指、小指,拇指尖抵于太阳穴,小指尖朝前。
(二)右手拇指、食指捏左手的小鱼际部位。

猪肉

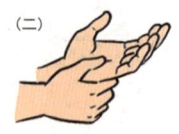

(一)一手掌心向下,拇指尖抵于太阳穴,其他四指扇动两下,仿猪的大耳朵。
(二)右手拇指、食指捏左手的小鱼际部位。

饭盒

双手五指并拢,手背拱起,掌心上下相对,左手在下不动,右手向下移动一下。

鱼肉

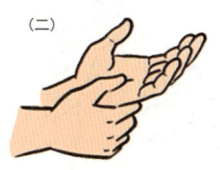

(一)一手横立,手背向外,向一侧做曲线移动,如鱼游动状。
(二)右手拇指、食指捏左手的小鱼际部位。

饺子

双手拇指、食指相捏,左手在下不动;右手在上,边捏边移动,仿包饺子动作。

快/乐/学/手/语

餐厅点菜

电冰箱

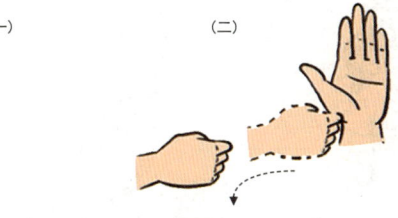

(一)一手食指、中指、无名指、小指弯曲,指背贴于脸颊。
(二)左手直立,掌心向右;右手虚握,虎口朝上,向内拉动,仿开冰箱门的动作。

蛋糕

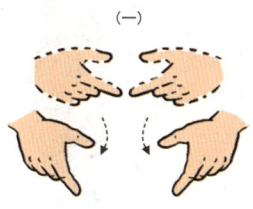

(一)双手拇指、食指搭成椭圆形,再向下一甩,模仿打蛋动作。
(二)双手五指成"[ ]"形,捏动几下。

面包

双手成"[ ]"形,指尖相对,虎口朝内,捏动几下。

159

西餐

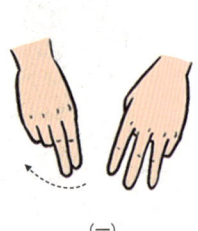
（一）

（二）

（一）左手食指、中指、无名指分开，指尖朝下，如叉状；右手食指、中指并拢，指尖朝前，在左手旁前后划一下，如用餐刀状。
（二）左手食指、中指、无名指分开，指尖朝上，移向嘴部，右手食指、中指并拢，指尖朝前下方。

烫

左手横伸；右手五指指尖朝下，先碰一下左手背，然后急速上提，手指抖动，如被烫状，面露难受表情。

冰淇淋

（一）

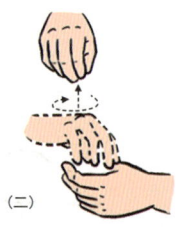
（二）

（一）一手食指、中指、无名指、小指弯曲，指背贴于脸颊。
（二）左手成半圆形，虎口朝上；右手五指张开，指尖朝下，边向上转动边撮合五指。

甜

一手食指抵于腮部，同时舌头顶住腮部，使腮部凸起，如嘴里含有一块糖。

勺

（一）

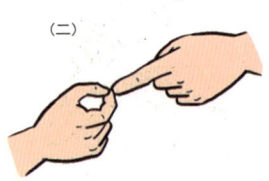
（二）

（一）一手拇指、食指相捏，向嘴部划动一下。
（二）左手拇指、食指相捏成圆形；右手伸食指，指尖抵于左手拇指、食指尖。

辣

一手打手指字母"L"的指式，拇指尖碰两下下颏，面露难受表情。

苦

一手拇指、食指相捏，置于嘴边，互捻两下，面露痛苦表情。

冷

双手握拳屈肘，小臂抖动几下，如哆嗦状。也用于表示姓氏"冷"。

药

口张开，一手拇指、食指捏成小圆形，从口部移向喉部。

绿

左手五指并拢，指尖朝右上方；右手五指成"匚"形，套在左手上，再向上捋一下左手。

红

一手打手指字母"H"的指式，摸一下嘴唇。

黄

一手打手指字母"H"的指式，并摸摸脸颊。

蓝

一手打手指字母"L"的指式，并沿胸的一侧划下。也用于表示姓氏"蓝"。

紫

一手打手指字母"Z"的指式，食指尖置于嘴唇处。

黑

一手打手指字母"H"的指式，摸一下头发。

Part 3　手语交际对话

橙色

（一）左手虚握，指尖朝上；右手沿左手指背向下扯，如剥橘子皮状。
（二）一手直立，掌心向内，五指分开，在嘴唇部交替点动。

白

一手直立，掌心向外，五指弯曲，指尖弯动两下，象征上下牙齿。

旧

一手伸拇指、食指，手背向上，食指尖朝前，向下弯动两下。

新

左手横伸；右手伸拇指，在左手背上由左向右划出。

重

左手横伸；右手伸食指，拇指尖按于食指根部，手背向下，用力贴向左手掌心，表示程度很重。

轻

一手平伸，掌心向上，轻轻抬一下。

厚

右手成"]"形，以手指间的空间表示一定的厚度。

薄

右手成"]"形，指间相距约1厘米，以手指间很小的空隙表示薄。

快/乐/学/手/语

手语常见会话

生病就医

生病就医

看你的脸色不好，什么情况？

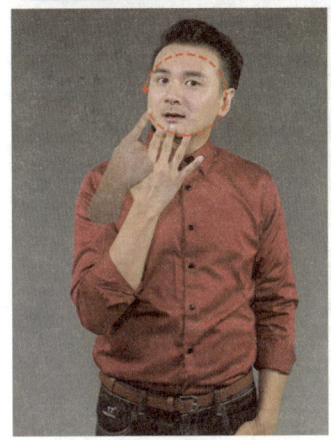
脸色
一手食指指尖置于脸颊，在面部转动一圈。

不好
一手伸小指，向下甩动一下。

什么
一手食指直立，掌心向外，左右晃动几下，面露疑问表情。

我肚子疼

肚子
一手捂于腹部

疼
一手直立，掌心向内，五指张开，在鼻前抖动几下，面露痛苦表情。

163

Part 3　手语交际对话

我头疼

头

一手食指指额部。

疼

一手直立，掌心向内，五指张开，在鼻前抖动几下，面露痛苦表情。

我的胃不舒服

胃

双手中指、无名指、小指搭成"田"字形，指尖朝斜下方，贴于胃部。

不舒服

（一）一手直立，掌心向外，左右摆两下。
（二）一手五指张开，贴于胸部，顺时针转一圈。

还是早点回家休息吧

家

双手搭成"∧"形。

回

一手伸拇指、小指,指尖朝前,由内向外移动。

早

一手横立,由左向右摸一下下颌。

休息

双手交叉,手背向外,贴于胸部。

Part 3　手语交际对话

你最好去医院吧

早

一手横立，由左向右摸一下下颏。

去

一手伸拇指、小指，指尖朝前，由内向外移动。

医

一手拇指、食指搭成"十"字形，置于前额。

院

一手伸拇指、小指，指尖朝前，由内向外移动。

我牙痛

牙
一手食指指一下牙齿。

痛
一手直立，掌心向内，五指张开，在鼻前抖动几下，面露痛苦表情。

你去看牙医比较好

去
一手伸拇指、小指，指尖朝前，由内向外移动。

医院
（一）一手拇指、食指搭成"十"字形，置于前额。
（二）双手搭成"∧"形。

看
一手食指、中指分开，指尖从眼前向前一指。

牙
一手食指指一下牙齿。

Part 3　手语交际对话

单　词

心脏

双手拇指、食指张开仿"♥"形，手背向外，置于心脏部位。

肺

双手五指并拢，指尖朝下，掌心贴于胸两侧，表示肺。

胃

双手中指、无名指、小指搭成"田"字形，指尖朝斜下方，贴于胃部。

肠

一手拇指、食两指捏成小圆形，手背向外置于下腹部，由右向左、由上而下做折线移动。

骨

左手握拳，手背向上；右手拇指、食指捏住左手腕骨，前后微转两下。

手

左手横伸；右手掌拍一下左手背。

足

左手伸拇指、小指，拇指尖朝上；右手伸食指，指一下左手小指指尖。

腰

一手食指指一下腰部。

生病

左手平伸，掌心向上；右手五指并拢，食指、中指、无名指指尖按于左手腕的脉门处。

快/乐/学/手/语

生病就医

发炎

一手五指微曲,指尖朝上,上下微动几下。

骨折
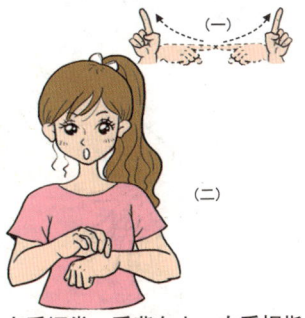
左手握拳,手背向上;右手拇指、食指先捏住左手腕骨微转一下,然后双手食指横伸,指尖相对,同时向下一甩,表示折断。

感冒

一手拇指、食指张开,指尖对着鼻部,向下甩两下,表示流鼻涕。

扭伤

双手横伸,手背向上,食指、中指弯曲如钩,互相咬住,分别向不同方向扭转,表示关节扭伤。

发烧

一手摸一下额头,然后五指微曲,指尖朝上,上下微动两下,面露痛苦表情。

昏迷

一手五指张开,手指微曲,在头前转动两下,眼闭拢。

头晕

一手食指指额部;一手食指直立在头前平行转两圈,同时眼微闭,头微晃,如头晕状。

近视

一手伸拇食张开,置于眼处,然后捏合,双眼微闭,表示看不清的神情。

169

Part 3 手语交际对话

腹泻

 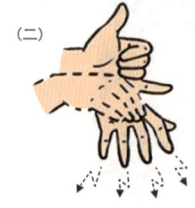

（一）一手捂于腹部。
（二）左手伸拇指、小指；右手五指撮合，指尖朝下置于左手下，然后连续做开合动作。

浮肿

左手横伸；右手五指弯曲，置于左手背上，然后向上微起。

便秘

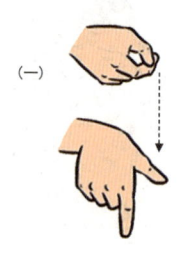 

（一）一手拇指、食指相捏，然后边向下移动边张开，食指指尖朝下。
（二）一手伸食指，指尖抵于脸颊，咬紧牙关。

怀孕

一手五指微曲，手背向上，在腹部向下做弧形移动。

高血压

（一）右手伸食指，指尖朝下，在左胳膊处上下划动两下。
（二）一手横伸，掌心向下，向上移过头顶。

麻疹

一手五指微曲，指尖朝内，向嘴部点动两下。

化验

头微低,双手虚握,上下相叠,贴于一侧眼部,然后双手交错微微转动,如用显微镜观察物体状。

中毒

(一)

(二)

(一)左手拇指、食指和右手食指搭成"中"字形。
(二)双手握拳屈肘,腕部交叉置于颈部。

过敏

(一)

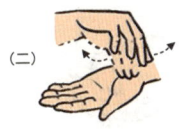
(二)

(一)左手平伸,掌心向上;右手食指在左腕处扎一下,仿打皮试针动作。
(二)左手平伸,掌心向上;右手五指撮合,指尖朝下置于左腕处,然后张开,表示过敏红肿反应。

手术

左手伸拇指、小指,指尖朝上;右手食指、中指并拢,指尖朝下,在左手上划动两下。

住院

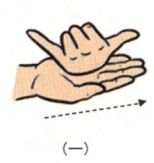
(一)

(二)

(一)左手平伸;左手拇指、小指指尖朝上,由上而下置于左手掌心上。
(二)一手拇指、食指搭成"十"字形置于前额。

X光

双手食指搭成"X"形,在胸前转一圈。

生病就医

Part 3　手语交际对话

康复

（一）

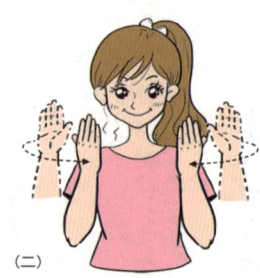
（二）

（一）双手横立，食指、中指、无名指、小指并拢，自胸部边向下移动边食指、中指、无名指、小指握拳，拇指伸出。
（二）双手直立，掌心向外，然后边向前做弧形移动边翻 转为掌心向内。

诊断

（一）

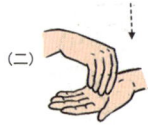
（二）

（一）左手平伸，掌心向上；右手五指并拢，食指、中指、无名指指尖按于左手腕的脉门处，前后移动两下。
（二）左手横伸；右手五指撮合，指尖朝下，在左手掌心上一按。

治疗

左手平伸，掌心向上；右手五指并拢，食指、中指、无名指指尖按于左手腕的脉门处，前后移动两下。

救护车

（一）

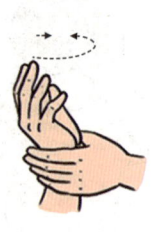
（二）

（三）

（一）一手拇指、食指搭成"十"字形置于前额。
（二）右手五指弯曲，指尖朝上，置于左手食指、中指、无名指、小指背上，边转动边双手同时向前移动。
（三）双手虚握，左右转动，如操纵汽车方向盘状。

Part 3 手语交际对话

找什么？

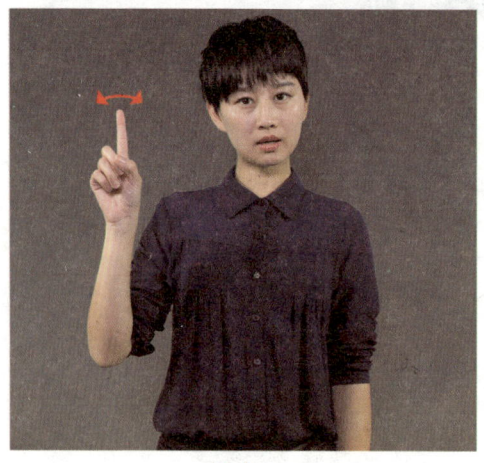

什么
一手食指直立，掌心向外，左右晃动几下，面露疑问表情。

找
双手食指、中指分开，指尖朝下交替转动，头微低，目光注视手的动作。

钱包丢掉了

钱
左手拇指、食指捏成圆形，虎口朝上；右手伸食指，敲一下左手拇指。

包
左手握拳；右手掌由后向前绕左拳转半圈。

丢掉
一手虚握，由前向后一甩，并张开五指。

一起找

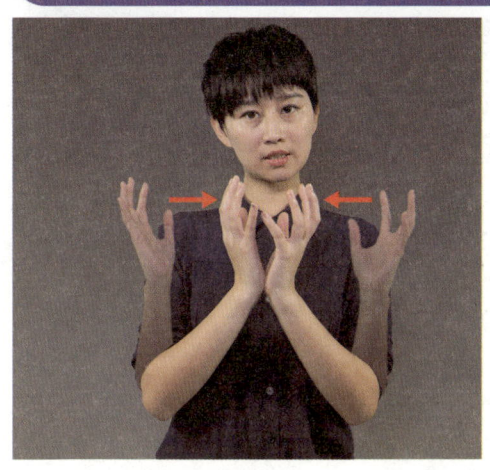

一起

双手直立，五指微曲，掌心相对，从两侧向中间移动。

找

双手食指、中指分开，指尖朝下交替转动，头微低，目光注视手的动作。

最好报警吧

警察

一手五指撮合，手腕贴于前额，然后开合两下。表示警察的帽徽。

报案

双手横伸，掌心上下相对，从嘴部向前移出。

最好

左手侧立；右手伸拇指，指尖边顶向左手掌心边竖起。

Part 3　手语交际对话

单　词

文件

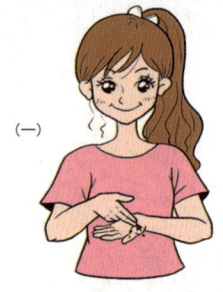 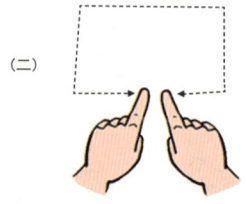

（一）左手横伸；右手伸拇指、食指、中指，中指在左手掌心上向左划动两下。
（二）双手伸食指，指尖朝前，书空一个长方形。

资料

双手食指尖朝前，先互碰一下，再分开并张开五指。

隐形眼镜

左手拇指、食指捏成圆形，虎口朝上；右手伸中指，在左手虎口内蘸一下，然后在右眼处抹两下，如打开隐形眼镜盒取出镜片给眼睛佩戴状。

钥匙

左手侧立；右手拇指、食指相捏，在左手掌心转动一下。

护照

 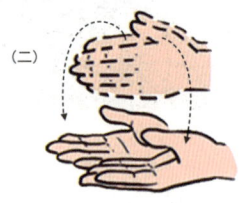

（一）双手食指、中指并拢直立，手背向外，然后转腕，手指横伸，指尖相对。
（二）双手合掌，然后左右翻开。

地震

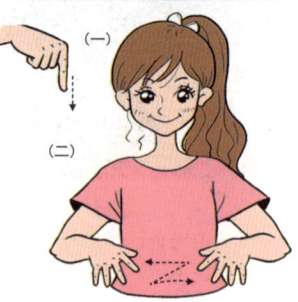

（一）一手伸食指，指尖朝下一指。
（二）双手平伸，五指分开，掌心向下晃动两下，同时身体随之摇晃。

176

丢失物品

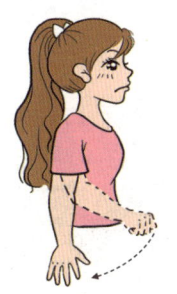

（一）一手虚握，由前向后一甩，并张开五指。
（二）双手食指指尖朝前，先互碰一下，再分开并张开五指。

海啸

（一）双手平伸，五指张开，上下交替浮动，如起伏的波浪。
（二）双手平伸，一高一低，一前一后，五指张开，边交替点动边用力向前移动。

报警

（一）双手横伸，掌心相对，一上一下，从嘴前向外移动。
（二）一手五指撮合，手背贴于上额，手指开合两次。

急救

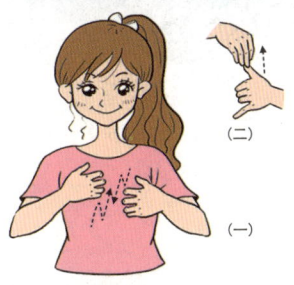

（一）双手五指弯曲，指尖抵于胸部，上下交替移动几下，面露焦急表情。
（二）左手伸拇指、小指；右手拇指、食指、中指捏住左手拇指尖，向上一提。

交通事故

（一）双手横立，由两侧向中间交错移动，象征车辆来往，引申为交通。

预防

双手直立，掌心向外推出。

遇到麻烦

Part 3 手语交际对话

手语常见会话

出外问路

这条路是去西湖的方向吗？

这条

一手伸食指，指尖朝下指点两下。

路

双手侧立，掌心相对，相距约20厘米，向前移动。

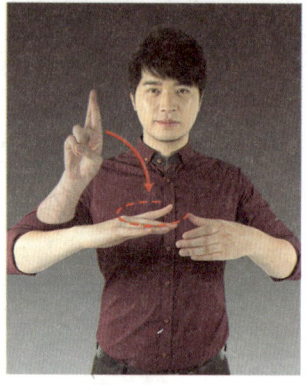

西湖

右手先打"X"手指字母，然后左手伸拇指、食指，指尖弯曲，搭成大圆形，然后左手不动，右手伸开，掌心向下，在圆中作波汶状移动。

方向

双手直立，掌心相对，向前移动一下。

对

一手伸拇指，面露疑问表情。

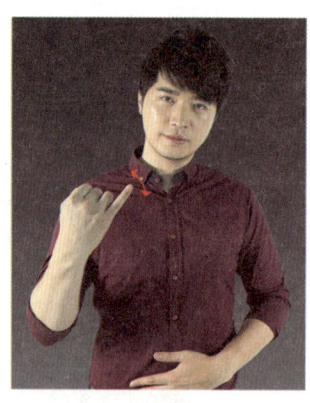

不对

一手伸小指，指尖朝上，左右晃动两下。

对 / 错

对
一手直立，五指并拢，用力向前一顿，同时嘴由闭拢变为张开，面露肯定表情。

错
一手食指、中指直立相叠，置于额前，然后中指向下弯动一下。

出外问路

想去西湖，坐几号公交车

去
一手伸拇指、小指，指尖朝前，由内向外移动。

西湖
右手先打"X"手指字母，然后左手伸拇指、食指，指尖弯曲，搭成大圆形，然后左手不动，右手伸开，掌心向下，在圆中作波汶状移动。

公交车
一手虚握，虎口朝内，前后移动两下，如握公交车上方把手状。

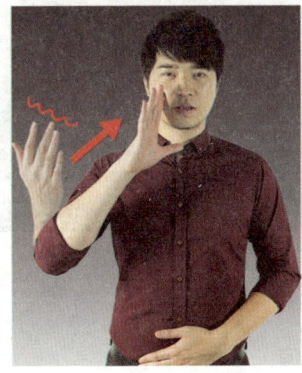

几号
一手直立，五指分开，掌心向内，手交替抖动几下。一手五指微曲，虎口贴于嘴边，口微张。

Part 3　手语交际对话

在哪个地铁站换乘才好呢？

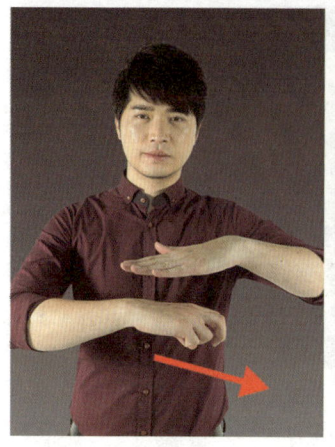  

地铁
左手平伸，掌心向下；右手食指、中指弯曲如钩，手背向上，置于左手下并向前移动。

到
一手伸拇指、小指，向前做弧形移动，然后向下一顿。

哪里
一手食指直立，掌心向外，左右晃动几下，面露疑问表情。

坐地铁到人民广场站

 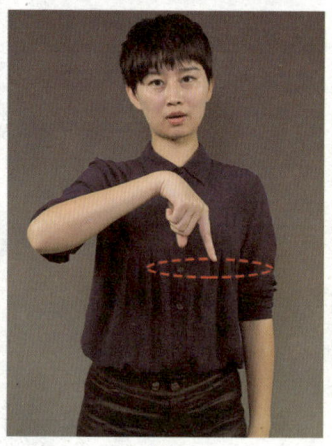 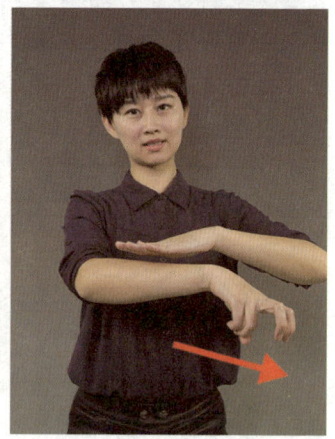

人民
双手食指搭成"人"字形。

广场
一手食指指尖朝下划一大圆圈。

地铁
左手平伸，掌心向下；右手食指、中指弯曲如钩，手背向上，置于左手下并向前移动。

交通乘车

宾馆在哪？

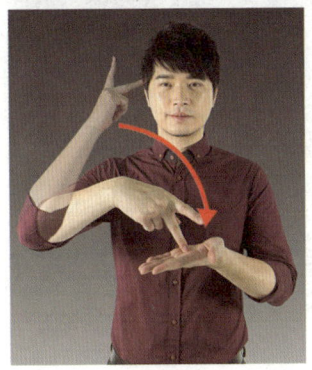

宾馆
左手平伸；右手打手指字母"K"的指式，置于太阳穴部，然后移向左手掌心。

在
左手横伸，掌心向上；右手伸拇指、小指，置于左手掌心上。

什么
一手食指直立，掌心向外，左右晃动几下，面露疑问表情。

向前路一直走

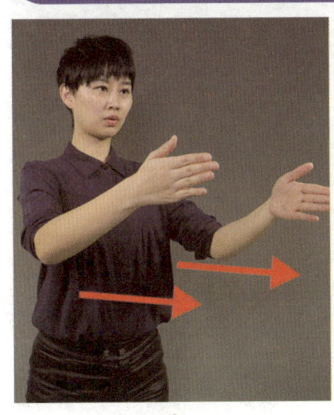

路
双手侧立，掌心相对，相距约20厘米，向前移动。

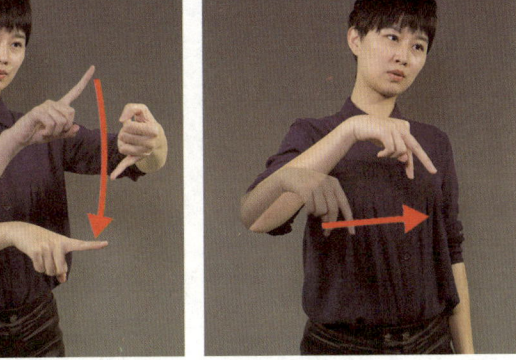

终点
左手伸小指；右手伸食指敲一下左手小指，表示最后的意思。

走
一手食指、中指分开，指尖朝下，交替向前移动。

Part 3　手语交际对话

在十字路口左转弯就到

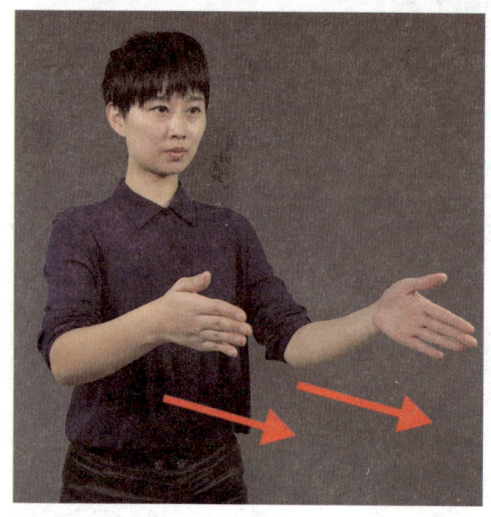

路

双手侧立，掌心相对，相距约20厘米，向前移动。

十字

一手食指、中指相叠，指尖朝上，仿"十"号形状。

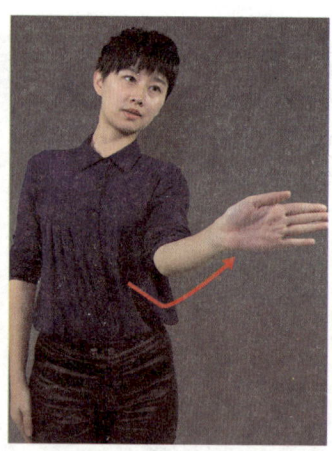

左边

右手拍一下左臂（或一手食指向左一指）。

弯

一手侧立，先向前一伸，再转向右弯一侧。

到

一手伸拇指、小指，向前做弧形移动，然后向下一顿。

要走多久？

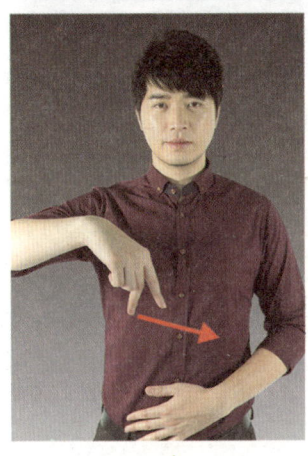  

走
一手食指、中指分开，指尖朝下，交替向前移动。

时间
一手食指弯曲，指尖朝手腕部处敲两下。

多少
双手直立，掌心向内，五指交替点动几下。

10分钟左右

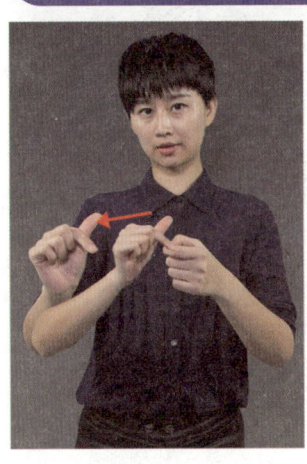 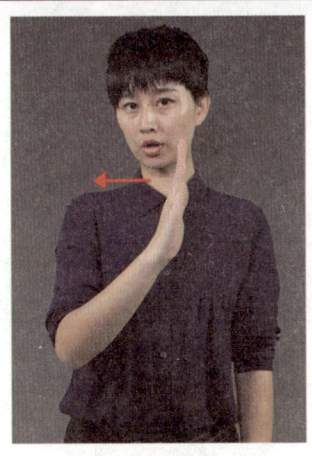 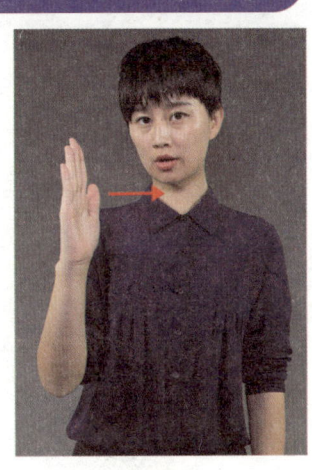

十分
左手拇指、食指捏成圆形，虎口朝上；右手拇指、食指搭成"十"字形，在左手旁微动两下，表示一分钱。

左
右手先拍一下左臂，表示左。

右
左手拍一下右臂，表示右。

Part 3　手语交际对话

单　词

高铁

左手食指、中指分开，指尖朝前；右手打手指字母"G"的指式，从左手手背向指尖方向移动。

动车

左手食指、中指分开，指尖朝前；右手打手指字母"D"的指式，从左手手背向指尖方向移动。

港口

左手侧立；右手弯曲，掌心向上，模拟船的形状，然后缓慢地靠向左手掌心。

机场

（一）一手伸拇指、食指、小指，由低向高移动，如飞机起飞状。
（二）一手食指指尖朝下划一大圆圈。

火车站

（一）左手食指、中指分开，指尖朝前；右手食指、中指弯曲，指背抵在左手食指、中指上，并向前移动，如火车行驶。
（二）双手搭成"∧"形。

桥

双手食指、中指微曲并分开，指尖相对，指背朝上，从中间向两侧下方做弧形移动。

隧道

 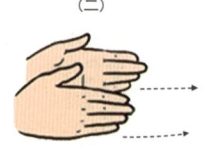

（一）左手成"∩"形，虎口朝内；右手伸食指，指尖朝前，沿左手虎口划一下。
（二）双手侧立，掌心相对，向前移动。

自动售票机

（一）一手食指直立，虎口朝内，贴于胸部。
（二）双手握拳屈肘，前后交替转动两下。
（三）右手五指弯曲，指尖朝前，交替点动几下，如点击屏幕键盘。

（四）右手拇指、食指成"匸"形，虎口朝前，表示车票的形状。

出口

（一）一手伸拇指、小指，指尖朝前，由内向外移动。
（二）一手食指沿口部转一圈，口张开。

登机口

（一）左手伸拇指、食指、小指，手背向上；右手伸拇、小指，指尖朝左，由右下方向上移向左手掌心下，表示登机。
（二）一手伸拇指、小指，指尖朝前，由内向外移动。

斑马线

左手横伸，五指张开；右手食指、中指分开，指尖朝下，交替向前迈动，经过左手食指、中指、无名指、小指指背。

Part 3 手语交际对话

入口

(一)　(二)

(一)一手伸拇指、小指，指尖朝前，由内向外移动。
(二)一手食指沿口部转一圈，口张开。

飞机

一手伸拇指、食指、小指，由低向高移动，如飞机起飞状。

候车室

(一)　(二)　(三)

(一)一手横伸，手背贴于下颏。
(二)双手五指并拢，指尖朝下，从后向前移动，表示大汽车的反光镜。
(三)双手搭成"∧"形。

公共汽车

一手虚握，虎口朝内，前后移动两下，如握公交车上方把手状。

地铁

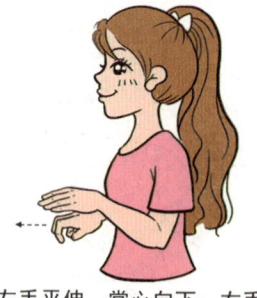

左手平伸，掌心向下；右手食指、中指弯曲如钩，手背向上，置于左手下并向前移动。

轿车

右手五指成"]"形，指尖朝前，由后向前移动一下。

186

摩托车

双手虚握,手背向上,上下颠动几下,如骑摩托车状。

自行车

双手握拳,在胸前交替向前转圈,如骑自行车状。

省

一手打手指字母"SH"指式,顺时针平行转一圈。

派出所

(一)

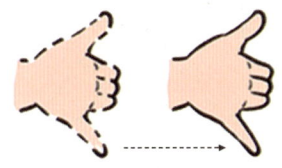
(二)

(三)

(一)一手伸拇指、食指、中指,食指、中指并拢,指尖朝上,然后向下一挥。
(二)一手伸拇指、小指,指尖朝前,由内向外移动。
(三)双手搭成"∧"形。

公安局

(一)

(二)

(三)

(一)双手拇指、食指搭成"公"字形,虎口朝外。
(二)一手横伸,掌心向下,自胸部向下一按。
(三)一手打手指字母"J"的指式。

Part 3　手语交际对话

图书馆

（一）左手平伸，掌心向上；右手食指、中指分开，指尖朝下，从左手掌心向右翻动两下。

（二）双手五指搭成"∧"形。

市

一手拇指、食指成小圆形，指尖稍分开，虎口朝上，向下一顿。用于表示省会城市的"市"。

政府大厅

（一）双手打手指字母"ZH"的指式，指尖朝前，同时向下一顿。

（二）双手五指搭成"∧"形。

镇

一手打手指字母"ZH"的指式，顺时针平行转一圈。

村

双手搭成"∧"形，并顺时针平行转一圈。

社区

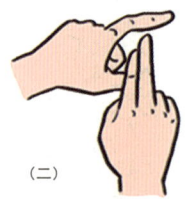

（一）左手五指撮合，指尖朝上；右手食指指尖朝下绕左手转一圈。

（二）左手拇指、食指成"匚"形；右手食指、中指相叠，置于"匚"形中，仿"区"字形。

街道

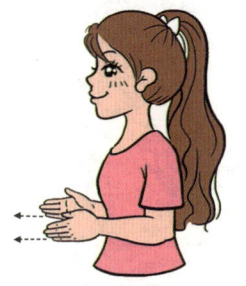

双手侧立,掌心相对,向前移动。

船

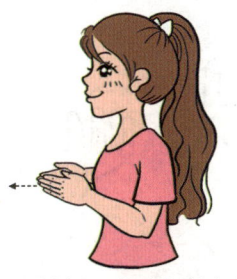

双手斜立,指尖相抵向前移动,如船向前行驶。

宾馆

左手平伸;右手打手指字母"K"的指式,置于太阳穴处,然后移向左手掌心。

交通信号灯

(一)双手横立,由两侧向中间交错移动,象征车辆来往,引申为交通。
(二)一手五指撮合,指尖朝前,开合两下。

立交桥

双手食指、中指微曲张开,手背向上,左手指尖朝右,右手指尖朝前,然后做"十"形交叉弧形移动。

共享单车

(一)双手食指、中指分开,斜向相搭,手背向上,仿"共"字形,平行转动一圈。
(二)左手平伸;右手食指、中指张开,指尖朝下,在左手掌心上快速向前移动。

里弄(巷)

左手呈"∩"形,掌心向下;右手伸拇指、小指,穿入左手"∩"中。

Part 3 手语交际对话

消防局

（一）

（二）

（三）

（一）双手五指张开，掌心向外，边交叉向下移动边并拢五指，右手掌压住左手背。
（二）双手五指微曲并张开，指尖朝上，上下交替移动几下，如火苗跳动状。
（三）一手打手指字母"J"的指式，表示机构名称。

胡同

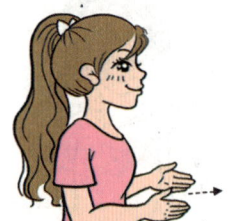
（一）　　　　　（二）

（一）一手拇指、食指捏成圆形，虎口贴向脸颊。
（二）双手侧立，掌心相对，向前移动。

三轮车

左手平伸；右手食指、中指、无名指叉开，指尖朝下，在左手掌心上向前移动。

地址

（一）

（二）

（一）一手伸食指，指尖朝下一指。
（二）双手拇指、食指相距一公分，指尖左右相对，由中间向两侧拉动一下。

轮椅

双手虚握，虎口朝前，在腰部两侧做向前转动轮子动作。

Part 4
手语基础知识

手语是什么？

手语的特征

如何与聋人进行有效的沟通？

学手语的注意事项

学手语的六个方法

Part 4　手语基础知识

手语是什么？

手语是"用眼睛看的语言"。这是为了传达听人平时习惯用语音的表达与想法，也传达聋人的思想情感的重要交际手段之一。手语是聋人群体在彼此交流中自发创造出来的视觉空间语言。他们生活在无声世界，听不见任何声音。所谓听觉障碍者，可称为聋人、听障者、重听人等，他们的听力水平不尽相同（有的完全听不到；有的近处能听见周围较大的声音，比如车的喇叭声等，借助助听器稍微能听到人的说话声音，但是听不懂说的是什么内容等），听力发生变化的时期不同（自然怀孕至分娩出生的时期导致的胎儿耳聋是先天性耳聋；婴儿出生以后得病或药物致聋是后天性耳聋，也可能是长大后因交通事故听不见或年老者听力功能退化等），因此他们的手语习惯与思维不同，手语表达方式也不同。

有位聋人朋友自信地说："听不见并不是障碍，而是独特。我们以'手语是我们的语言'为荣。"另一方面，在我国有大多数重听人和聋人家属及朋友们，他们有兴趣一起学习手语，喜欢手语。研究手语的人也越来越多，很多语言学家承认与证明手语是一种语言学意义上的语言，具有完整的词汇系统和丰富的语法规则。手语的普及与推广关乎社会进步。

手语，如果仅靠手形，似乎沟通不那么顺畅，还需要双手和面部表情并用，才能丰富表达的内容与思想，使手语更有魅力。

手语的特征

为了更有效地表达容易让人记住的手语词汇和句子，以下用一些例子介绍手语的特点。

1. 手语的轻重快慢可以表示事物的状态和情感程度

不论你用一个还是两个手指，是向前移动还是横向停顿等，正确地记住手的形状和动作是很重要的。同时，如果你为手势词添加幅度与速度，就能清晰地表达出情感的状态和程度。

例如手语词汇"好久不见"，双手五指捏成圆形，虎口朝内，然后往下移动，强调"真是好久不见"的语气。往下移动时的强弱与快慢能分别表现出"时隔十年"和普通的寒暄两种不同的意义。同样，提到"忙碌"的手语词汇，双手平伸，掌心向下，五指分开，在身前左右摆动两下，如果用力地摆动两三下的话表示"非常忙"；如果你轻松而毫不费力地表达你的手势，是表示适度地忙碌。另外，如果让手势动作配有面部表情的话，更有意义。

手势表示"很忙"时，若是露出难过的表情的话，表示"实在太忙了，累成狗啊"；露出高兴的表情的话，是表示"虽是忙碌，但充实又快乐"。"雨"这个手势是用双手五指微曲分开，指尖朝下，上下交替动两下，表示哗啦哗啦下雨，如果慢慢地交替动两下，力度小的话，足以能看出是"蒙蒙细雨"的状态；如果强有力地交替动两下，那就是倾盆大雨了。

好久没见

忙碌

下雨

Part 4 手语基础知识

2. 手语中也有礼貌语、尊敬语

例如提到"谢谢",但是要表示"感谢"或"非常感谢"的话该怎么表示才好呢?如果伸出一手,伸拇指,向前弯动两下,就会变成普通的"谢意"。这时候,想要表达"谢谢您的好意",应该伸出双手拇指,同步向前弯动两下,诚心地用眼睛看着对方,这样的感谢之情也会表现出来,让人家感受到你的真心诚意。面对老师或长辈要表达感激之情时,身体稍微向前倾,双手做出这个手势。这个动作会让对方有被尊敬的感觉。

谢谢　　非常感谢

"对不起"的手语也一样,只要慢慢地郑重地表达"对不起"即可;而表示"非常抱歉"的手势时,可以低着头,快速重复两次,就能完整传达"非常道歉"的真诚态度。

不难看出,我们在日常生活中,与长辈们接触的自然姿态,可表达出礼貌恭敬的态度和言行。

3. 手语,也有这样的特征

例如,在表达"走"的打法时,一手食指、中指分开,指尖朝下,交替向前移动。这是模仿人的步行走的动作,如果是乘出租车、汽车、飞机、船等,该打法也可变通表达。

走　　出租车　　汽车　　船　　飞机

4. 通过手语的方向，表达你的被动式与主动式

手语有各种各样的表达方式，并不是所有的聋人都这样表示。以本书中所举例子来介绍，比如说"帮助"的手势，双手斜伸，掌心向对方，按动两下，表示给人帮助；如果双手掌心向自己，按动两下，是表示让人帮助自己。两种意义在不同的方向上区分。

另外，"告诉"这个手势，一手五指撮合，指尖朝前，置于嘴部，边向对方移动边张开五指，表示自己告诉对方；如果要别人告诉自己，方向相反，边向自己移动边张开五指来提醒人家，别忘通知我啊。

5. 面部表情很重要

提到手语配有"面部表情很重要"的话，可能会有人认为作秀或夸张，也会有人犹豫说"我很害羞，不敢表现自己"。没关系，用自己的平常自然表情来表达就可以了。

比如表达"可以"或"没问题"的手语时，用自信的表情，连续表达"当然可以！"或"我很好，当然没问题！"，体现出自信满满的感觉；相反，露出眉毛紧皱、焦急的表情，肩膀放低，表达出"虽然可以，但是有点没信心""没问题，不过……"的含义。

另外，当你想表达"好吃"时，就用自然的笑脸来表达。手语打法虽然是"好吃"，但皱着眉头时却表示："真的好吃吗？"

其他还有很多特征与例子，如果你经常与聋人交流，就会一目了然。

Part 4　手语基础知识

如何与聋人进行有效的沟通？

　　大多数听人刚开始学手语的时候，虽然认真学习了半年或一年，但是在聋人面前表达时却犹豫不决的人也不计其数。（想表达些什么，怕自己表达不好）在任何外语学习中也有同样的体验。但是我认为，即使只是用简单的手势打招呼与寒暄，也就有了沟通交流的基础，自然有彼此传达与理解的想法。

　　手语是聋人富有吸引力的视觉语言。此外，手语不是与聋人沟通的唯一方式。其实可以自由选择各种不同的沟通方式跟聋人进行有效沟通，不论想用什么样的沟通方式，都要随时保持和聋人朋友的密切接触，一边学习，一边实践和练习，就会收到比较理想的效果。聋人会乐意接受各种沟通方式，愿意与您进行交流。希望你耐心、平静地面对即将开始的手语学习历程，将手语作为一种新奇的"外语"去了解和掌握。这样坚持做下去，你会收获意想不到的惊喜。

·手指语·
　　用手指语的打法可表示人名的拼音、地名和新的专业术语等，各种各样的场面都可以使用。但是，同样的谐音组合"YW"即可表示"因为"与"以为"，还可表示"义务"，容易使聋人看不明白。这样的话，加点手语动作和肢体语言就好了，把书空汉字写在空中或在手心上拼写都可以。

·唇语（口语）·
　　唇语从口的形状和动作读取词汇。比如说"练习""复习""训练"，以相同的手势动作来表达三种不同的意思，可以看口形和动作有效帮助聋人判断是哪个词汇。但是，汉语也有很多词汇虽然口形相同，却有不同的意思。例如"关心""关系""管辖"等，口形几乎都一样，在表情上也很难理解，需要加以手势动作说明清楚比较好。

·姿态·
手势再加上肢体语言是最好的交流手段之一。

· 空书 ·

也称为书空手势，就是在空中写字，多用于笔画数字比较少的字或人名、地名、数字。你可以从自己的角度，用正确的方向写书空汉字，传达给聋人看。让对方把它当作镜子来看，没必要特意反过来写。习惯与理解是重要的。手语初学者，可以在家里练习一下。不过我觉得有一定的难度，但是不需要笔与纸已经不错啦！

与聋人交流时，如果没有写字工具，可以在手掌和桌子上写，也可以手机短信打字给聋人看。另外，聋人写的语句可能会有不通顺的地方，需要多理解与包容。

· 笔谈 ·

笔谈是在纸上写以进行交流的方法。值得注意的是，约会时间与地点，请一定要笔记确认一下，千万不要搞错。平时我们只是口头的约定，比如说：地铁南出口还是北出口？或者下午2点还是4点？因为存在担心约定的手语会不会看错而感到不安的情况，请好好利用笔谈记录一下吧。

笔谈时写的字最好不要太长，要简单易懂，抓住重点，不仅使聋人容易读懂，写起来也很轻松。笔谈，不仅指写文字，还可以边写边画箭头等图形符号，这样可为笔谈增添乐趣。

笔谈，能切实提高聋人与听人的交流效果，使聋人形成积极的交际态度，提高聋人文笔水平，同时能帮助他们回归主流社会，因此有着重要的意义。

· 声音 ·

利用助听器，可以帮助一些聋人听取声音。

但是，"7点钟"和"1点钟"的声音和口形几乎一样，所以也有很多不容易理解的事情。另外，使用助听器时，需要周围环境相对安静。

手语也是聋人的母语，是聋人文化的载体和核心。挪威心理学家 Terje Basilie 说过："如果你接纳了一个人，那么就必然接纳他的语言，如果你排斥一个人的语言，也就是排斥了他本身，因为语言是我们社会存在的重要组成部分。"随着时代的进步，人们逐渐不再把聋看作是一种疾病和缺陷，而是认识到聋是一种正常的生理特征，听人能做到的，聋人一样也能做到。我们理当尊重聋人选择和使用语言的权利。

Part 4 手语基础知识

学手语的注意事项

提到学手语的注意事项，就是让你知道下面几点与聋人交际的要求与约定。

1. 要向聋人传达"要跟聋人交朋友"的想法与愿望

请记住，即使刚刚学的结结巴巴或不熟练的手语，如果想要向聋人传达"想与聋人交流"的愿望，就一定要勇敢地传达给聋人。就算你手语不好或出错，聋人一定会理解并接受，会很容易纠正你的打法。与聋人交流的方法，不仅仅是手语，也可以通过笔谈与唇语等各种沟通方式来准确无误地传达，让聋人明白："我诚心想与你交朋友。"

2. 认真倾听聋人"传达"的想法很重要

如果听人只是单方面传达了他们的情感与想法，还不知道聋人在说什么，这不能建立聋人与听人之间成功的沟通与交际。听人表达自己的心情与想法的同时，也要认真倾听与理解聋人传达的想法。千万别在聋人面前不懂装懂。如果对聋人的手语有不懂的地方，要勇敢打断："对不起，请再表述一遍。""不好意思，请慢慢表述。"实在不行的话，进行笔谈。

3. 手语与口动并用

与聋人或重听人交际中，可以通过他们的嘴巴（口语与唇语）识别与读取他们正在谈论的内容，有时候看不清楚他们的手语，可以根据他们的口形大概明白整体的意思。

听人经常问聋人："我的手语好不好？"聋人客气地回答："嗯，没关系，你说话的口形很清楚，所以我能看懂你的意思。"

打手语时，请注意口形清楚，看着聋人的脸，以眼相待。这样交际，不仅是口形，连面部表情都能读懂。要注意一边确认聋人的反应（是否传达了吗？）一边进行交流。如果对方还是不明白的话，那就放慢点传达的速度。

4. 面部表情也很重要

刚刚学手语时，因双手的动作与方向不断变化而受束缚，容易忽视面部表情。面部表情，作为传达自己心情的交际手段，是非常重要的。

提到"精神"的手语词汇，用面部表情表示"很好"的话，看起来真的很有精神活力。如果面部无表情或表情稍微暗淡，用手语表达"精神"或"健康"的话，给聋人有一种直觉："真的累了吗？"或"没精神了吗？"用手语交际时，请如实地在你的脸部表达你的心情与感受。

5. 手势的幅度和速度

手势的幅度是指打手语的动作大小变化。这就像听人说话的声音一样，有人说话声音高，有人说话声音低。打手语者的性格、个性、气质等都是影响手势幅度的个人因素。此外，手势幅度常常也要根据具体交际环境而定。但一般来说，幅度不宜过大。

6. 手语中也有方言

不同国家也有不同的手语，不同的地域与文化也有不同的表达打法，"入乡随俗"，在不同的地区就使用当地手语进行交流是很重要的。目前，随着聋人教育发展与人文进步，接受高等教育的聋人越来越多，聋人在全国各地的交际日益频繁，在此影响下，聋人手语基本都是大同小异，差异不大，这点不用担心啊。

Part 4　手语基础知识

学手语的六个方法

手语也有各种各样的学习方法，我在这里介绍自己的手语学习经验之谈。

1. 记住最感兴趣的词汇和例句

首先，从你最感兴趣的词汇与例句开始学起，包括自我介绍、礼貌问候、家庭情况、学校或者你最关心的事情。如果你身边有一个聋人朋友的话，可以从一个共同的话题开始学习。

学习手语，可以从与你从事职业有关的词汇开始学习，例如：空姐或乘务员可以从"您好"或"谢谢"等最简单的词汇开始学习，然后学习到达时间、天气、机内服务的饮料名称等，慢慢地增加手语词汇和例句。学习手语就像学习英语、日语一样，需要日积月累，在最感兴趣的词汇基础上不断扩大，再慢慢学着用一定的语法规则连词成句，还需要进行独白练习和会话训练。这样就能很快地掌握手语。

2. 拼音手指语练习

如何有效地练习拼音手指语呢？记住手指文字时，总是"A.B.C.D.E…"轮流反复练习几遍，然后突然说"狗（gou）""花（hua）"，听了之后，能不能快速反应拼打出来呢？在做好这些的基础上，还需要深入真实生活中边看东西边拼打练习。出门时，乘公交、地铁时，车厢里各种各样的广告随处可见，利用坐车时间，边看文字边练习，学习效果良好，不妨试试看。

但是与聋人交际中，有的聋人不擅长用手指语或不经常用拼音，你即使拼打出拼音词汇，聋人也看不懂，请耐心而慢慢地表达出来。

3. 照镜子手语练习

看着镜子观察自己的手语表达方法是否清晰到位，仔细观摩和模仿手语书或视频里手语的每一个动作，对着镜子反复练习，这样便于发现与纠正手势动作的问题所在。在家里，利用业余时间来试试看吧。

4. 多接触聋人群体

新学会一定的词汇量和打法后，应该与聋人群体多接触与交流。任何一种语言的学习都没有捷径，必须经过长期积累的过程才能达到运用自如。若想用最短的时间学好手语，就只能到有手语的语言环境——聋人群体当中去，这才是最有效的方法。

5. 建立有关手语的 QQ 群、微信群，交流学习

仅靠自己一个人学习手语效果是有限的，要通过参加并建立手语 QQ 群或微信群，或者参加当地举办的手语培训班多学习。在手语爱好者聚集的地方，可相互交流学习的经验与体会，这样不仅能提供良好的手语学习平台，也能激发你学习手语的动力。

每个城市都有聋人聚集的地方，可以到当地聋协去询问了解。或者可以在各地高校手语社团报名学习。无论在哪里，什么时候都可以参加学习。也许你有点压力或顾虑，我鼓励你充满爱心，愉快、好奇地参加吧。

6. 将聋人手语原封不动地模仿学习

聋人手语的表达方法多种多样，手语书上并没有全部记载各种表达方法，只记载一部分的打法。其实还有许多我们平时不知道的聋人民间流传的自然打法，比如惯用语、聋人成语等。因此仅在书上或手语培训班学习还远远不够，要多接触聋人群体，深入了解和掌握聋人手语，积极地学习，多模仿聋人手语，虚心向聋人朋友多学习，要贵在坚持，持之以恒，到时候，你必定会成为手语高手！

参考文献

[1] 郑璇.手语基础教程[M].上海：华东师范大学出版社，2015.

[2] 杨军辉，吴安安.中国手语入门[M].郑州：郑州大学出版社，2014.

[3] 中国聋人协会.中国手语[M].北京：华夏出版社，2003.

[4] 国家通用手语研究课题组.国家通用手语词汇（试用）自编本[M]，2016.

[5] 汪飞雪，潘一.手语教学[M].天津：天津教育出版社，2007.

[6] 郑璇.中国手语如何表达抽象概念[M].北京：知识产权出版社，2011.

[7] 陈少毅.从聋到龙[M].北京：华夏出版社，2009.

[8] 中国聋人协会.手语你我他[M].辽宁：辽宁人民出版社，2015.

[9] 张帆，卢苇.无声绽放：走近聋人文化[M].浙江：浙江大学出版社，2017.

[10] 吴铃，季谦.中国聋人手语500例[M].江西：江西高校出版社，2017.

[11] 山东省爱聋手语研究中心.医用手语[M].天津：天津教育出版社，2017.

[12] 吴立平.手语概要与翻译实践[M].天津：天津教育出版社，2008.

[13] 史玉凤.手语技能[M].南京：南京师范大学出版社，2014.

[14] 张宁生.聋人文化概论[M].郑州：郑州大学出版社，2010.

[15] 许保生，傅敏.浙江聋人自然手语[M].浙江：浙江工商大学出版社，2014.

[16] 戴目.汉语成语手势图解[M].上海：学林出版社，2012.

[17] 王晓书.天使之翼[M].台湾：时报出版社，2003.

[18] 杜银玲.中国手语日常会话速成[M].北京：电子工业出版社，2016.

[19] 吴铃.试论自然手语和文法手语的几个问题[J].中国特殊教育，2005（9）：45-49.

[20] 汤凌燕，马红英.聋生使用笔谈的调查研究[J].中国特殊教育，2005（1）：59-63.